Mauritius Wilde

Zeigt Euch!

Mauritius Wilde

Zeigt Euch!

Warum man
seinen Glauben
nicht verstecken
muss

Vier-Türme-Verlag

Bibliographische Information der Deutschen Nationalbibliothek

Die Deutsche Nationalbibliothek verzeichnet diese Publikation in der Deutschen Nationalbibliographie. Detaillierte bibliographische Daten sind im Internet über http://dnb.d-nb.de abrufbar.

Die Bibelzitate wurden mit freundlicher Genehmigung entnommen aus:

Einheitsübersetzung der Heiligen Schrift

© 1980 Katholische Bibelanstalt GmbH, Stuttgart

1. Auflage 2015
© Vier-Türme GmbH, Verlag, Münsterschwarzach 2015
Alle Rechte vorbehalten

Lektorat: Marlene Fritsch
Gestaltung: Dr. Matthias E. Gahr
Foto: Dirk Nitschke (www.zudem.de) / Vier-Türme-Verlag
Druck und Bindung: Pustet, Regensburg
ISBN 978-3-89680-930-8
www.vier-tuerme-verlag.de

INHALT

Ein Schlüsselerlebnis 9

Wovon das Herz voll ist 11

Gute Reise! 17

Die Aussendung der zweiundsiebzig Jünger 17

Kann ich das? Bin ich gut genug? 19

Gemeinsam kann es gelingen 22

Gehen, wohin Jesus gehen will 23

Eine Einladung zu lieben 25

Mit leichtem Gepäck 28

Und was, wenn ich abgelehnt werde? 30

Es macht Freude 32

Gott liebt es, sich zu zeigen 35

Zweifel dürfen sein 37

Bevor ich losgehe 41

Jesus kam aus der Stille 41

Zuerst missioniere dich selbst! 45

Habt Mut! 47

Finde deine ganz eigene Weise, dich zu zeigen 51

Mission – Reinigung eines Begriffs 55

Über die Grenze gehen 59

An und über die Grenzen gehen 59

Jesus schätzt die Fremden 62

Kulturen lernen voneinander 64

Kritik an den Kulturen 69

Heimatlosigkeit und Unbehaustheit 75

Tipps für unterwegs I 79

Was soll ich sagen? 79

Ich habe eine Geschichte 82

In allen Sprachen 85

Keine Angst vor zu viel missionarischer Energie 88

Mission aus der Perspektive des Mönchs 91

Das Kloster als »Andersort« 91

Durch Kontemplation die Verstrickungen der Welt lösen 98

Tipps für unterwegs II 103

Du musst die Welt nicht retten 103

Erfolg ist kein Kriterium 105

Niederschwellig ist manchmal zu niedrig 108

Meine Beziehung zur Kirche 113

Die Freude, erwählt zu sein 118

Arbeitsteilig und rückenstärkend 120

Zeitweise Außenseiter sein 125

Wie wichtig ist die Lehre? 127

Nach Hause zu Jesus zurückkehren 131

Der Preis 133

Es kann dich dich kosten 133

Sorgt nicht für Eure Verteidigung! 139

Darum geht es – Grundzüge des Missionarischen 143

Den Glauben anbieten 144

Zur Freiheit befreien 147

Compassion üben 150

Mit der Ankunft des Herrn rechnen 152

International vernetzt sein 157

Andere Religionen kennenlernen 160

Mission als Präsenz 162

»Ich bin bei Euch bis zum Ende der Welt« 165

Absolutheitsanspruch in Gelassenheit 165

Je weiter, desto katholischer 167

Wir können unmöglich schweigen 172

Dank 173

Anmerkungen 174

Ein Schlüsselerlebnis

Als ich gerade meine ersten Schritte als Verleger unseres Klosterverlages machte, hatte ich ein Schlüsselerlebnis bei der Frankfurter Buchmesse: Als Mönch besaß ich nicht viel Garderobe, mit der ich mich zu dieser Gelegenheit hätte angemessen kleiden können. Ich kaufte mir also extra zu diesem Anlass ein Sakko. Man will sich ja anpassen. Als ich schließlich Gelegenheit hatte, durch die Gänge der Messe zu streifen, stieß ich auf einen Mönch in brauner Kutte.

Ich wollte ihn gerade freudig begrüßen, als ich realisierte: Das ist gar kein Mönch. Das ist ein »Eyecatcher«. Der freundliche Herr bestätigte mir das auch gleich: Er teilte Prospekte aus und versuchte, die Aufmerksamkeit der Besucher zu wecken und sie dann in den hinter ihm liegenden Stand zu manövrieren, damit sie sich die angebotenen Produkte anschauten.

Ich war geschockt – und dann wurde ich ärgerlich. Warum schlich ich, der ich seit über zwei Jahrzehnten Mönch war und einen Klosterverlag vertrat, hier »verkleidet« als Zivilist herum, nur um nicht aufzufallen, während ein »falscher« Mönch alle Aufmerksamkeit auf sich zog? Warum traute ich mich nicht, aus mir herauszugehen und dazu zu stehen, wer ich war und was ich vertreten wollte? Warum zeigte ich nicht, woran und an wen ich glaubte? Das hat mir sehr zu denken gegeben und in der folgenden Zeit versuchte ich, das zu ändern.

Wovon das Herz voll ist

Ich erinnere mich noch lebhaft an ein junges Paar, das ich zur Trauung begleiten durfte. Ich ermutigte die beiden, auch miteinander zu beten. »Miteinander beten? Ist das nicht zu intim?«, antworteten sie spontan. Zuerst musste ich innerlich etwas schmunzeln, hatte ich doch angenommen, dass Intimität in der Ehe möglich sein sollte. Aber dann verstand ich, dass das ein echtes Problem war. Die meisten Tabus in unserer Gesellschaft sind gefallen, zu den wenigen übrig gebliebenen gehören Tod und Religion. Über Religion spricht man nicht. Religiosität und Spiritualität sind »Privatsache« – so privat, dass man noch nicht einmal mit dem eigenen Partner darüber spricht.

Ja, es ist etwas Intimes, zu beten. Es ist sogar noch intimer, es gemeinsam zu tun. Man öffnet sich vor dem anderen und macht sich verletzlich. Vielleicht es ist das, was uns abhält, unseren Glauben nach außen zu zeigen. Wir haben etwas Furcht, und vielleicht schämen wir uns sogar ein bisschen. Es gilt als Schwäche, einen Glauben zu haben, den Glauben vielleicht sogar zu »brauchen«.

Dabei ist Religiosität doch etwas Inneres, nicht etwas Fremdes, von außen Aufgesetztes, für das man sich wirklich schämen müsste. Es geht darum, was ich glaube, wer ich im Innersten bin. Es geht darum, was ich im Herzen oder auf dem Herzen habe. »Wovon das Herz voll ist, davon geht der Mund über«, heißt es im Matthäusevangelium (Matthäus 12,34). Es tut uns nicht gut, wenn wir immer zurückhalten, was in unserem Herzen ist. Wenn das Herz denn voll ist: Lasst es überlaufen!

So einfach ist das nicht, mögen Sie einwenden, liebe Leserin, lieber Leser. Eine junge Großmutter erzählte mir, dass sie gerne ihren Glauben an die Enkelin weitergeben würde. Da aber die Mutter gar nichts mit Religion anfangen könne, fühle sie sich gehemmt. Das ist verständlich. Wie können wir also die richtige, passende, respektvolle Sprache finden, wenn wir etwas von unserem Glauben zeigen wollen?

Viele Menschen haben kleine Zeichen bei sich, die auf ihren Glauben oder ihre Überzeugung hindeuten: ein Kettchen mit Kreuzanhänger, einen Fisch auf dem Kofferraumdeckel. Viele Menschen nutzen auch das Halbdunkel einer Kirche, um schnell eine Kerze anzuzünden für einen geliebten Menschen oder als Fürbitte in einem Anliegen, das sie bedrängt. Das sind gute Rituale, die uns in unserem Glauben bestärken. Und die Verborgenheit ist ein angemessener Raum, in dem unsere Sehnsucht nach dem Göttlichen aufgehoben ist.

Spannend wird es aber, wenn wir in Berührung mit der Außenwelt kommen. Dann stellen sich Fragen wie: Soll ich meinen Freund mit zum Gottesdienst nehmen? Wie sage ich das meinem Partner oder meinen Verwandten und Freunden, wenn ich kirchlich heiraten oder mein Kind taufen lassen will? Wie reagiere ich, wenn ich schräg angeschaut werde, weil ich in einem konfessionellen Kindergarten arbeite? Sollte ich das Kreuz in meiner Wohnung so aufhängen, dass es auch Fremde sehen können? Sollen wir als Familie auch noch vor dem Essen beten, wenn Gäste da sind, denen unser Glaube fremd ist?

Wir wollen auf jeden Fall nicht in die Nähe von Menschen gerückt werden, die den Namen »Gott« zu schnell auf den Lippen haben oder die »ostentativ« beten. Wir wollen auch nicht in eine Ecke gestellt werden mit Anhängern von Sekten, die Passanten auf der Straße ansprechen; Menschen, deren Idee zur Ideologie geworden ist, sodass sie alle anderen, die nicht ihre Meinung vertreten oder nach ihren Regeln leben, für dumm oder unverantwortlich erklären. Und wir wollen erst recht nicht mit Fundamentalisten verwechselt werden, wollen nicht zu fromm sein. Wo ist da noch Platz, zu seinem Glauben zu stehen und ihn zu zeigen?

Auf der anderen Seite sehen wir mehr und mehr Menschen um uns herum, die ihre Religion durchaus in der Öffentlichkeit zeigen. Allerdings sind das in den seltensten Fällen Christen. So bekommt, den eigenen Glauben zu zeigen, heute manchmal einen bedrückenden Beigeschmack. Es bringt auch kulturelle Unterschiede an den Tag, die uns vielleicht nicht ganz geheuer sind.

Doch ist nicht der christliche Glaube auch eine »Kultur«? Eine Kultur der Liebe und des Respekts? Eine Kultur, die ihre Wirkung nach außen haben will? Die *gelebt* werden will? Wenn wir Dinge aussprechen, mit jemandem teilen, nach außen zeigen, dann bekommen sie doch auch für uns selbst mehr Gewicht und eine größere Bedeutung. Darin könnte die Chance liegen, wenn wir mehr von unserem Glauben zeigen: Es bestärkt in uns, wovon wir ohnehin überzeugt sind.

Dieses Buch möchte Mut machen, zum eigenen Glauben zu stehen. Ich möchte dabei zurückgreifen auf den, mit dem alles angefangen hat, auf Jesus Christus, und schauen, was die Bibel selbst zum Zeugnisgeben sagt. Denn den Glauben zu »zeigen« heißt: von ihm zu »zeugen« – das ist derselbe Wortstamm. Dabei werden wir sehen, welch aufregende »Reise« vor uns liegt. Eine Reise, die unsere persönliche Spiritualität nähren und bereichern kann.

Ich bin Mönch. Normalerweise ziehen sich Mönche zurück und gehen in sich. Sie sind eher introvertiert. Ich bin da keine Ausnahme, wie man in der Eingangsgeschichte vielleicht schon ein wenig bemerken konnte. Wenn Sie also noch ein bisschen skeptisch sind, mit mir auf diese Reise zu gehen, darf ich Ihnen versichern, dass Sie mich als Anwalt an Ihrer Seite haben. Paradoxerweise haben gerade die Mönche aus ihrer Tradition heraus eine Menge zu dieser Frage beizusteuern. Indem sie aus der Kontemplation, dem Gebet und der Stille, schöpfen, sind sie vielleicht sogar am besten »gerüstet«, sich auch nach draußen zu wagen.

Die Kongregation, der ich angehöre, nennt sich »Missionsbenediktiner von St. Ottilien«. Seit Jahren suchen wir nach der richtigen Balance zwischen Innerlichkeit und Ausdruck unseres Glaubens. Die Art, wie wir den Glauben anbieten, scheint viele Menschen anzusprechen, denn die Gästehäuser unserer Klöster und die dort stattfindenden Kurse sind voll. Wie lassen sich also Kontemplation und Zeugnisgeben verbinden? Wie kann unsere Mission als Christen heute in einer offenen, pluralen Gesellschaft aussehen?

Papst Franziskus hat in seiner Ansprache an die Kardinäle vor dem Konklave etwas gesagt, das – so glaube ich – uns alle als Christen angeht: »Wenn die Kirche nicht aus sich selbst herausgeht, um das Evangelium zu verkünden, kreist sie um sich selbst. Dann wird sie krank wie die gekrümmte Frau im Evangelium. Die Übel, die sich im Lauf der Zeit in den kirchlichen Institutionen entwickeln, haben ihre Wurzel in dieser Selbstbezogenheit. Es ist ein Geist des theologischen Narzissmus.« Das Evangelium dagegen ruft uns auf, aus uns herauszugehen. Uns zu öffnen. Fruchtbar zu werden für die Menschen. Weiterzugeben von dem Guten, das wir erfahren haben.

Narzissmus ist nicht nur ein Problem der Kirchen, sondern ein Gesellschaftsphänomen. Der amerikanische Historiker und Sozialkritiker Christopher Lasch diagnostizierte ihn bereits 1980 als eine Krankheit unserer Zeit, und die Fülle aktueller Literatur zu dem Thema bestätigt die Diagnose.[1] Neben der Verzagtheit ist es also oft auch unsere Selbstverliebtheit, die uns daran hindert, etwas von demjenigen auszustrahlen, der uns viel mehr liebt, als wir uns je lieben können. Wenn wir mehr aus uns herauskommen würden, könnten wir als Christen somit allen Menschen einen Dienst erweisen.

Jesus ist aus sich herausgegangen, aus seiner Heimat und aus gewohnten Bahnen, um die Botschaft zu verkünden, die ihn beseelte. Er ist ausgegangen vom Vater, der ihn so innig liebte, hinausgegangen zu den Menschen am Rand, die so dringend diese Liebe brauchten. Er ging zu denen, für die eine Umkehr anstand, damit sie das »Leben in Fülle« nicht verpassten. Jesus fühlte sich »gesandt« zu den Menschen: »Wer aber mich aufnimmt, der nimmt nicht nur mich auf, sondern den, der mich gesandt hat.« (Markus 9,37) »Gesandt sein«, »Sendung« ist der ursprüngliche Sinn des Wortes »Mission« (von lateinisch »mittere« = senden). Es hat allerdings dreißig Jahre gedauert, so berichten uns die Evangelien, bis sich Jesus in Bewegung gesetzt hat. Zuvor hatte er ein geregeltes und unauffälliges Leben geführt, wahrscheinlich zusammen mit seinem Adoptivvater Josef im elterlichen Betrieb in Nazaret. Das meint: Auch wir sollten erst losgehen, wenn wir uns wirklich gerufen fühlen. Aber diesen Zeitpunkt sollten wir dann auch nicht verpassen.

Es soll in diesem Buch nicht um Konzepte und Strategien gehen, sondern um Glauben und Spiritualität: Inwiefern ist es wichtig für meinen Glauben und für mich persönlich, aus mir herauszugehen? Und wie mache ich das? Wie finde ich die richtigen Worte? Wie gebe ich Zeugnis, ohne mich zu verteidigen? Wer kann mir dabei helfen? Was darf ich erwarten? Wie gebe ich meinen Glauben weiter in einer freundlichen und gelassenen Weise, ohne dabei aggressiv zu sein, manipulativ, jammernd, invasiv, rechthaberisch, aber auch, ohne dabei gleich ein Heiliger sein zu müssen?

Das Buch möchte uns sensibel machen für die Impulse unseres Herzens, die »hinaus« wollen. Ich bin eingeladen, meinen Glauben so zu zeigen, wie *ich* bin. Wenn ich Seminare zu diesem Thema halte, beginnt meist sehr schnell ein lebhafter Austausch darüber, was die Einzelnen mit ihrem Glauben schon alles erlebt haben. Das ist es, was ich mir von diesem Buch wünsche: dass es uns anregt, uns wieder mehr auszutauschen. Dass wir wagen, unseren Glauben zu zeigen.

Gute Reise!

Seinen Glauben zu bekennen ist eine aufregende Sache. Denn es geschieht Begegnung. Um-sich-Kreisen dagegen ist langweilig: Ich treffe nur wieder mich selbst. Sich und den Glauben zu zeigen ist eine Reise, so jedenfalls wird es in den Evangelien beschrieben.

Jesus sieht kein Problem darin, wenn seine Jünger ihren Glauben zeigen. Im Gegenteil, er ermutigt sie dazu. Aber er gibt ihnen auch genaue Anweisungen. Diese sollen hier als Blaupause dienen. Eine der Stellen, an denen Jesus über das Zeugnisgeben spricht, ist die sogenannte »Aussendungsrede« im Lukasevangelium. Wir wollen uns an ihr entlangtasten.

Die Aussendung der zweiundsiebzig Jünger

Danach suchte der Herr zweiundsiebzig andere aus und sandte sie zu zweit voraus in alle Städte und Ortschaften, in die er selbst gehen wollte. Er sagte zu ihnen: »Die Ernte ist groß, aber es gibt nur wenig Arbeiter. Bittet also den Herrn der Ernte, Arbeiter für seine Ernte auszusenden. Geht! Ich sende euch wie Schafe mitten unter die Wölfe. Nehmt keinen Geldbeutel mit, keine Vorratstasche und keine Schuhe! Grüßt niemand unterwegs! Wenn ihr in ein Haus kommt, so sagt als Erstes: Friede diesem Haus! Und wenn dort ein Mann des Friedens wohnt, wird der Friede, den ihr ihm wünscht, auf ihm ruhen; andernfalls wird er zu euch zurückkehren. Bleibt in diesem

Haus, esst und trinkt, was man euch anbietet; denn wer arbeitet, hat ein Recht auf seinen Lohn. Zieht nicht von einem Haus in ein anderes! Wenn ihr in eine Stadt kommt und man euch aufnimmt, so esst, was man euch vorsetzt. Heilt die Kranken, die dort sind, und sagt den Leuten: Das Reich Gottes ist euch nahe. Wenn ihr aber in eine Stadt kommt, in der man euch nicht aufnimmt, dann stellt euch auf die Straße und ruft: Selbst den Staub eurer Stadt, der an unseren Füßen klebt, lassen wir euch zurück; doch das sollt ihr wissen: Das Reich Gottes ist nahe. (...)«

Die Zweiundsiebzig kehrten zurück und berichteten voll Freude: »Herr, sogar die Dämonen gehorchen uns, wenn wir deinen Namen aussprechen.« Da sagte er zu ihnen: »Ich sah den Satan wie einen Blitz vom Himmel fallen. Seht, ich habe euch die Vollmacht gegeben, auf Schlangen und Skorpione zu treten und die ganze Macht des Feindes zu überwinden. Nichts wird euch schaden können. Doch freut euch nicht darüber, dass euch die Geister gehorchen, sondern freut euch darüber, dass eure Namen im Himmel verzeichnet sind.«

In dieser Stunde rief Jesus, vom Heiligen Geist erfüllt, voll Freude aus: »Ich preise dich, Vater, Herr des Himmels und der Erde, weil du all das den Weisen und Klugen verborgen, den Unmündigen aber offenbart hast. Ja, Vater, so hat es dir gefallen. Mir ist von meinem Vater alles übergeben worden; niemand weiß, wer der Sohn ist, nur der Vater, und niemand weiß, wer der Vater ist, nur der Sohn und der, dem es der Sohn offenbaren will.«

Jesus wandte sich an die Jünger und sagte zu ihnen allein: »Selig sind die, deren Augen sehen, was ihr seht. Ich sage euch: Viele Propheten und Könige wollten sehen, was ihr seht, und haben es nicht gesehen und wollten hören, was ihr hört, und haben es nicht gehört.«

Lukas 10,1–14

Kann ich das? Bin ich gut genug?

Danach suchte der Herr zweiundsiebzig andere aus.

Zu Beginn stellen sich zwei Fragen: Soll ich meinen Glauben zeigen? Und wenn ja: Kann ich das? Jesu Rede im Lukasevangelium gibt darauf eine klare Antwort: Ja, du sollst! Und: Ja, du kannst (zusammen mit mir)! Es ist Jesus selbst, der die Jünger aussendet. Würde er sie schicken, wenn er es ihnen nicht zutrauen würde? Daraus ergibt sich aber gleich eine weitere Frage. Immerhin heißt es im Evangelium: Jesus wählte zweiundsiebzig aus. Gehöre ich etwa zu diesen Auserwählten? Doch wohl eher nicht. Mir sind – ehrlich gesagt – Leute, die sich »auserwählt« fühlen, unsympathisch und unheimlich.

Ich kam einmal mit einer Familie ins Gespräch, die sich in ihrer Kirchengemeinde schon seit Jahren engagierte. Wir sprachen darüber, ob sie in ihrem Leben »Jesus nachfolgen« würden. Sie kamen zu der eindeutigen Antwort: »Nein.« Ich war darüber erstaunt, denn von ihrem Handeln her hatte ich einen ganz anderen Eindruck. Ich verstand aber, warum sie das sagten. Es war nicht, weil sie Christus nicht gut fanden oder nicht lieben würden, sondern weil sie Jesus nachzufolgen als ein »Spezialgeschäft« ansahen, das den Priestern und Ordensleuten vorbehalten ist. Eben den »Profis«.

Jesus aber lässt im gerade zitierten Text aus dem Lukasevangelium deutlich werden, dass das alles »den Weisen und Klugen verborgen, den Unmündigen aber offenbart« worden sei. Für ihn braucht es, damit man seinen Glauben zeigen kann, nicht zuerst ein paar Jahre Studium. Im Gegenteil. Er hat seine Zweifel daran, ob die Gescheiten begreifen, was sie künden sollen.

Unsere Kirchen leiden unter einer Kluft zwischen »Laien« und »Professionellen«. Oft genug zieht der Klerus eine deutliche Linie und macht klar, was in seiner und *nur* in seiner Kompetenz liegt. Das ist natürlich nicht gerade einladend für Laien. Gerade das Wort »Laie« schafft in der katholischen Terminologie schon Verwirrung, weil es vermuten lässt, das alle Nichtkleriker inkompetent und bloß Amateure seien. In Wirklichkeit kommt der Begriff vom griechischen Wort *laos* und meint: das Volk, das ganze Volk Gottes. Also sind auch Priester Laien.

Auf der anderen Seite dieser »Kluft« kann man sich aber auch ganz wohl fühlen und gemütlich einrichten: Wir haben unsere Kirchensteuer gezahlt, und nun erwarten wir auch etwas von den Professionellen! Vielleicht könnte es auch einmal unangenehm werden, wenn man Stellung beziehen müsste. In den hinteren Kirchenbänken lebt sich's entspannter.

Jesu Lösung ist: Der Glaube gehört weder den einen noch den anderen. Was zu offenbaren ist, geschieht zwischen dem Vater und dem Sohn. Nur der Vater weiß, wer der Sohn ist, nur der Sohn wiederum, wer der Vater ist, »und der, dem es der Sohn offenbaren will«. Alles »Wissen«, um das es im Glauben geht, kommt von Jesus und ihm allein. Er gibt, wem er will. Niemand hat den Glauben gepachtet.

Jesus wählte für sich zwölf Apostel aus. Apostel bedeutet Gesandte. Sie also betraute er in besonderer Weise, den Glauben weiterzutragen. In unserer Passage aus dem Evangelium aber wählt er darüber hinaus zweiundsiebzig Jünger aus. Dass diese Zahl etwas Symbolisches hat, scheint mir offensichtlich. Es ist eine Zahl, die eine große Menge zum Ausdruck bringt. Den Glauben anderen zu zeigen ist also Jesu Meinung nach nicht nur eine Sache von wenigen, sondern von sehr vielen.

Nach der Auffassung der Kirchen sind alle Menschen, die getauft sind, Mitglieder des Volkes Gottes. Jeder und jede von uns ist ein besonderes Kind Gottes, eine auserwählte Tochter, ein auserwählter Sohn Gottes. Mit der Taufe empfangen wir nicht nur dieses ganz besonders enge Verhältnis zu Gott, sondern auch die Befähigung, von dieser Beziehung anderen zu erzählen und Zeugnis zu geben. Wir haben Anteil an Christi Königtum und Priestertum und Prophetenamt.

»Mag ja sein«, mögen Sie vielleicht denken. »Aber das ist mir doch alles etwas zu viel. Und etwas zu groß.« Gut so!, möchte ich Ihnen antworten. Es ist wirklich alles zu viel und zu groß. Wenn wir nicht eine leichte Unsicherheit auf diesem Gebiet spüren, auch ein kleines Erschauern vor der Größe der Aufgabe, kommen wir zu schnell auf den Holzweg. Heute ist es ohnehin eher so, dass jeder und jede glaubt, zu jedem »seinen Senf geben« und mitreden zu können. Eine leichte Unsicherheit, was ich in den »heiligen« Dinge zu sagen habe, ist gut, weil es mich öffnet für den lebendigen Gott, der uns sendet. Sie bewahrt uns vor Selbstgerechtigkeit, falscher Selbstsicherheit und Hochmut oder einer gefährlichen Überidentifkation mit dem Religiösen. Nur wenn ich immer Staunender bleibe (wie ein Kind), kann ich von Gottes Größe etwas bezeugen.

Es ist also gut, sich der Frage bewusst zu werden und sich ihr auszusetzen: Kann ich das? Kann ich kompetent antworten, sodass ich mir selbst und der Sache (Gott) gerecht werde? Sodass ich dem Menschen, dem ich begegne, gerecht werde? Auf der anderen Seite dürfen wir auch das Vertrauen dankbar annehmen, dass Jesus in dieser Hinsicht zu uns hat. Ein Beispiel ist Paulus, der als einer der größten Missionare des christlichen Glaubens angesehen wird. Ohne ihn würde niemand von uns heute etwas über den Glauben wissen. Er aber kam etwas »zu spät« zur Gemeinschaft dazu, nämlich im Gegensatz zu den zwölf Aposteln erst nach Jesu Tod. Und zuvor hatte er die jungen Christen sogar verfolgt. Aus diesem Grund sieht er sich selbst als »Missgeburt« an und muss in seinen Briefen immer und immer wieder betonen, dass er ja auch ein Apostel ist.[2] Man spürt seine Selbstzweifel. Aber genau diese öffnen ihn für das Wunder, das geschehen ist, dass Jesus ihn so angenommen hat, wie er ist.

Ich muss nicht perfekt sein und ich muss auch nicht alles begriffen haben, bevor ich meinen Glauben zeige oder den Mund zu öffnen wage. Es kommt nur darauf an, ob ich den Impuls in mir spüre, dass ich mich in diesem Moment zeigen oder etwas sagen soll.

Gemeinsam kann es gelingen

... und sandte sie zu zweit voraus

Als hätte Jesus die Unsicherheit der Menschen in ebendiesen Dingen bemerkt, sendet er die Zweiundsiebzig je zu zweit aus. So ist die Mission einfacher. Jesus verlangt nichts Übermenschliches von seinen Jüngern. Wenn man zu mehreren seinen Glauben zeigt, ist das viel einfacher. Und Jesus hat nichts dagegen.

Dass er die Jünger zu zweit aussendet, hat zunächst praktische Gründe: Zum einen bedurfte in seiner Kultur jedes Zeugnis der Bekräftigung durch eine zweite Person, sonst war es nicht gültig. Der Zweite diente dazu, die Wahrheit der Aussage des Ersten zu bekräftigen und zu bestärken.

Zum anderen bot die kleine Gemeinschaft einen Schutz gegen solche, die vielleicht nicht einverstanden sind mit dem, was man da zeigt. Schließlich schützte die kleine Gruppe auch vor Überheblichkeit. Es ist immer etwas gefährlich, »Gott« und Frommes im Mund zu führen. Wenn ein anderer dabei ist, der mich kennt, zwingt mich das zur Authentizität.

Manchmal werden wir Mönche zu Vorträgen oder Kursen eingeladen. Ich merke, dass das Zeugnis viel stärker ist, wenn ich nicht alleine gehe, sondern wenn wir zu zweit oder in einer kleinen Gruppe sind. Die verschiedenen Stimmen lassen verschiedene Perspektiven auf den Glauben sichtbar werden; sie lassen den Zuhörern die Freiheit zu wählen. Und sie zeigen etwas von der Vielfalt Gottes und seinem Reichtum, der sich auf so unterschiedliche Weise ausdrücken kann.

Der Glaube »gehört« nicht einer Privatperson, er gehört uns allen, und wir zusammen »gehören« Jesus.[3] Jesus hat den Glauben allen Jüngern und Jüngerinnen geschenkt, und er wird besonders dann »sichtbar«, wenn wir beieinander sind: »Wo zwei oder drei in meinem Namen beisammen sind, da bin ich mitten unter ihnen.« (Matthäus 18,20)

Gehen, wohin Jesus gehen will

... er sandte sie zu zweit voraus in alle Städte und Ortschaften, in die er selbst gehen wollte.

Der kleine Nachsatz, der davon spricht, dass Jesus selbst in die entsprechenden Städte gehen will, schließt uns etwas Wesentliches auf: Wenn es darum geht, den Glauben zu zeigen, geht es immer um Christus und nicht um uns. Nicht ich bestimme, wem ich den Glauben zeige, sondern hier will sich die Beziehung zwischen Jesus und einem anderen Menschen entfalten, zu dem *er* gehen will. Wir sollen also zu den Menschen gehen, denen Jesus seine Liebe zeigen möchte, und die Begegnung Jesu mit diesen Menschen zulassen.

Das schränkt unsere Rolle als Gesandte maximal ein: Wir gehen nicht von uns aus los – er sendet. Wir gehen nicht, wohin wir wollen – er bestimmt das Ziel. Ich finde das einen unglaublich erleichternden Gedanken. Er nimmt Verantwortung von mir weg. Gleichzeitig gibt er dem Vorgang eine besondere Würde und Schönheit: Ich werde damit betraut, dieser Begegnung zwischen Gott und Mensch zu dienen.

Als Gesandte sind wir also für den Sender und für den Empfänger da. Wenn wir unseren Glauben zeigen, dann nur, um die Kommunikation zwischen Gott und dem Menschen zu erleichtern, zu ermöglichen, anzustoßen, vorzubereiten. Wenn alles gut geht, dann kommt der Mensch, mit dem wir sprechen, mit dem Göttlichen, das in ihm bereits wohnt oder sich in ihm aufschließen will, in Kontakt. Wir sollten also dieser Kommunikation nicht im Weg stehen, sondern unseren Teil dazu leisten. Wir ordnen uns dabei in ein größeres Geschehen ein. Wenn wir uns selbst als den Sender verstehen, haben wir etwas falsch gemacht. Nicht einmal Jesus sieht sich als solcher. Er ist der Gesandte seines Vaters: »Und das Wort, das ihr hört, stammt nicht von mir, sondern vom Vater, der mich gesandt hat.« (Johannes 14,24) So ordnet er selbst sich in den größeren Zusammenhang ein.

Die Ernte ist groß, aber es gibt nur wenig Arbeiter.

Mir begegnet in diesem Zusammenhang immer wieder ein einleuchtendes Argument, das aber beim zweiten Hinsehen wirklich zynisch ist: Man sagt, die Zahl der Priester nehme zwar ab, aber die Zahl der Gläubigen ja doch auch – dann passe es ja wieder. Nein, es passt nicht. Warum? Weil das allein unsere menschliche Interpretation ist. Ob Gott so denkt, wissen wir nicht. Jesu Einschätzung zumindest in dieser Evangeliumspassage ist anders. »Die Ernte ist groß«, sagt er. Nicht wir entscheiden, ob die Ernte groß oder sogar vorbei ist. Manche Menschen sind einfach frustriert, weil vieles nicht rundläuft in den Kirchen. Sie sehen die abnehmenden Zahlen der Gläubigen und fragen sich, was das zu bedeuten habe. Vielleicht ist die Ernte einfach nicht mehr so groß, meinen sie.

»Die Ernte ist groß«, sagt Jesus. Und als ob es schon zu seiner Zeit ein Problem gewesen wäre, Menschen zu finden, die sich dieser »Arbeit« widmen wollen: »Bittet den Herrn der Ernte, Arbeiter zu schicken.« Der Herr der Ernte, das ist Gott. Auch Jesus fühlt sich als Gesandter. Jesus sieht die vielen Bedürftigen, Einsamen, Mühseligen und Beladenen, die Kranken, die Sterbenden, die Armen, die Fremden ... und will zu ihnen kommen. Er will die Nackten kleiden, den Beladenen Last abnehmen, den Einsamen Gesellschaft leisten, die Kranken heilen – durch uns. In gewisser Weise könnte man sagen, das Problem liegt nicht auf der Seite der Empfänger und auch nicht auf der Seite des Senders, also Gottes, sondern auf unserer Seite! Denn wer will in den Weinberg gehen und arbeiten?

Es gibt also einen einfachen Grund, warum wir den Glauben nicht verstecken müssen: Er gehört gar nicht uns. In diesem Sinn dürfen wir ihn aber auch nicht verstecken, jedenfalls nicht dann, wenn wir in unserem Herzen hören und Worte von außen unser Gewissen darin bestärken, dass wir uns zu gegebener Zeit zeigen sollen oder etwas sagen sollen. Das ist der Unterschied zu jeder menschengemachten Überzeugung. Wie viel ich darüber preisgebe, dass ich CDU-Mitglied bin oder Vegetarier, liegt wirklich ausschließlich an mir selbst. Wenn wir es mit dem Göttlichen zu tun haben, kommt jedoch noch eine andere Dimension ins Spiel.

Eine Einladung zu lieben

Wenn ihr in ein Haus kommt, so sagt als Erstes: Friede diesem Haus!

Jesus möchte, dass wir jedem Haus, jedem Menschen Frieden bringen. Denn das ist, was er bringen will, wenn er selbst kommen wird: »Meinen Frieden gebe ich Euch« (Johannes 14,27). *Shalom* war der Gruß Jesu – ein Segen, mit dem er den Menschen, denen er begegnete, Friede, Freude und Wohlstand wünschte.

Es geht also Jesus zuallererst um den Menschen, dem er begegnet, und nicht um sich selbst. Er will die Menschen die Liebe spüren lassen, die er selbst von seinem Vater ständig erfährt. Und den Respekt. Er bemerkt, dass der Friede, den man den Menschen wünscht, auf ihnen bleiben wird, wenn sie denn »Menschen des Friedens« sind, andernfalls aber »wieder zurückkehrt«. Damit zeigt er, wie sehr er die Freiheit jedes Menschen achtet. Ob der Mensch den Segen annimmt oder nicht, liegt bei ihm selbst. Das Respektieren dieser Freiheit ist typisch für Jesu Mission, und sie sollte auch maßgeblich für unsere sein.

Dann fährt Jesus fort: »Heilt die Kranken, die dort sind, und sagt den Leuten: Das Reich Gottes ist euch nahe.« Das liegt ganz auf der Linie seines zuerst genannten Auftrags und vertieft ihn: Helft den Menschen, diese Liebe, diesen Frieden, die Heilung zu *erfahren*. Macht die Kranken heil! Wenn wir unseren Glauben zeigen, dann also als Erstes durch unser Tun, mehr als durch unsere Worte. »Sagt den Leuten, das Reich Gottes ist nahe«, kommt an zweiter Stelle. Was für einen Sinn würde es machen, wenn man es ihnen sagte, ihnen aber verweigerte zu helfen, es auch zu erfahren!

Einer meiner Lieblingssätze zu diesem Thema stammt von Franziskus von Assisi (1181–1226): »Verkündigt das Evangelium, und wenn es nötig sein sollte, dann auch mit Worten.« Wenn wir uns öffnen und uns den anderen in unserem Glauben zeigen, dann nur in dieser Weise, dass sie sich hinterher etwas mehr geliebt und angenommen, angeschaut und geachtet fühlen, etwas heiler und froher und zufriedener sind. Jesu Auftrag schließt von vorneherein jede Art von Zeugnis aus, das aggressiv oder manipulativ ist. Das ist nicht, wozu Jesus uns aussendet.

Der Steyler Missionar Sankt Josef Freinadenetz (1852–1908) bringt es auf den Punkt: »Die einzige Sprache, die alle Menschen verstehen, ist die Sprache der Liebe.« Er musste es wissen, denn der Südtiroler war als Missionar in China unterwegs. Liebe ist eine internationale und interkulturelle Sprache. Das Herz des anderen versteht sie sofort. Die Worte sind sekundär oder können sogar zu Missverständnissen führen.

Die Kongregation der Missionsbenediktiner von St. Ottilien, zu der ich gehöre, ist im 19. Jahrhundert für die Mission gegründet worden, und unsere Mitbrüder wurden vor allem nach Afrika und Asien ausgesandt. Im 21. Jahrhundert stellen sich Theorie und Praxis von Mission natürlich anders dar. Aber wie? Diese Frage stellten wir uns gemeinsam: afrikanische, asiatische, amerikanische und europäische Mitbrüder bei unserem letzten Generalkapitel. Wir waren auf der Suche nach einem neuen Nenner und kamen schließlich auf die Formel: Missionieren heute meint: Die Liebe Gottes teilen. Das ist ein internationales Projekt.

Jesu Herz ist voll von dieser Liebe. Deshalb formuliert er als höchstes aller Gebote: Liebe Gott und liebe deinen Nächsten wie dich selbst (vgl. Matthäus 22,37–39). Die Liebe drängt über sich hinaus und will weitergegeben werden.

Man kann das bei jungen Paaren erleben: Die Partner lieben sich so sehr, dass sie von dieser Liebe weitergeben wollen an die Kinder. Im Weitergeben wird ihre Liebe nicht weniger, sondern mehr. Liebe möchte sich zeigen. Einer der beglückendsten Momente bei einer Trauung ist, wie die Vermählten stolz ihr Innerstes nach außen kehren, wenigstens für einen Tag, und allen zeigen: Wir lieben uns! Sie wollen am liebsten der ganzen Welt zurufen: Ich liebe diesen Menschen! Und: Es gibt keinen besseren Partner auf der Welt!

Über die Jahrhunderte hin ist das Verbreiten der Liebe ein Kennzeichen der Christen geworden. Natürlich haben sie nicht nur Liebe verbreitet, das darf nicht verschwiegen werden, und darauf komme ich später noch zurück. Es ist aber sinnvoll und auch legitim, das Augenmerk auf das viele Gute zu richten, das dadurch in dieser Welt geschehen ist. Heinrich Böll, einer der großen Schriftsteller des 20. Jahrhunderts, der nicht gerade für seine Zurückhaltung in der Kirchenkritik bekannt ist, sagte einmal: »Selbst die allerschlechteste christliche Welt würde ich der besten heidnischen vorziehen, weil es in einer christlichen Welt Raum gibt für die, denen keine heidnische Welt je Raum gab: für Krüppel und Kranke, Alte und Schwache [...]. Ich glaube an Christus und ich glaube, dass Millionen Christen auf dieser Erde das Antlitz dieser Erde verändern könnten, und ich empfehle es der Nachdenklichkeit und der Vorstellungskraft der Zeitgenossen, sich eine Welt vorzustellen, auf der es Christus nicht gegeben hätte.«

Dem Auftrag Jesu, die Liebe Gottes zu teilen und allen Menschen weiterzugeben, sind also weit mehr als zweiundsiebzig Jünger gefolgt.

Das dient als Modell bis heute. John Thomas Kattrukudiyil, der Bischof von Ittanagar im Nordosten Indiens, wurde einmal gefragt, wie er sich das überwältigende Wachstum der Kirche in seiner Diözese erkläre (über zehntausend neue Christen pro Jahr). Seine Antwort: »Weil wir Gott als den liebenden Vater vorstellen, und weil die Leute sehen, wie wir ihn lieben.« Liebe strahlt aus und wird aktiv.

Alle sollten die Freude erfahren können, sich von Gott geliebt zu fühlen. Sie ist ein Geschenk, das man nicht für sich selbst behalten kann, sondern mit anderen teilen muss. Wenn wir es nur für uns behalten wollen, dann werden wir zu isolierten, sterilen und kranken Christen.

Mit leichtem Gepäck

Nehmt keinen Geldbeutel mit, keine Vorratstasche und keine Schuhe!

Eine weitere Anweisung, die Jesus gibt, bezieht sich auf die »Ausrüstung« der Jünger. Er empfiehlt uns leichtes Gepäck. »Nehmt nichts mit auf den Weg, keinen Wanderstab und keine Vorratstasche, kein Brot, kein Geld und kein zweites Hemd.« (Lukas 9,3) Warum solch radikale Einfachheit? Wenn es wirklich so ist, dass Jesus sendet und kommen will und wir nur Botschafter sind, dann kommen wir am besten ohne großes Gepränge. Je weniger wir uns selbst in den Vordergrund schieben, desto besser, damit wir den Menschen den Blick für Jesus nicht verstellen.

Jesus empfiehlt das leichte Gepäck aus Gründen der Glaubwürdigkeit: Wenn wir mit nichts anderem zu den Menschen kommen als mit uns selbst und unserem Glauben, dann sind wir am überzeugendsten. Jesus möchte, dass die Botschaft vom Reich Gottes unverfälscht und klar durch uns hindurchdringen kann. Je persönlicher wir Zeugnis geben, desto wirkungsvoller. Wenn wir hingegen mit Pauken und Trompeten,

Kanonen und Gewehren, Scheckbuch und Geschenken, Entourage oder Spitzen kommen, richten wir die Aufmerksamkeit der Menschen eher auf dieses »Beiwerk« als auf das Wesentliche der Botschaft. »Geht, ich sende euch wie Schafe mitten unter die Wölfe.« (Lukas 10,3) Auch die Wehrlosigkeit ist Teil des leichten Gepäcks. Denn in derselben Weise hat auch Jesus die Botschaft von der Liebe Gottes verkündet.

Wenn wir »barfuß«, ohne Geld und Vorräte den Menschen begegnen, dann begegnen wir ihnen wirklich als Menschen. Zeugnis geben für den Glauben ist so einfach: Wir sind eingeladen, einfach Mensch zu sein. Wir müssen nichts Spezielles tun oder sein oder vorgeben zu sein – wir dürfen einfach wir selbst sein, so wie wir sind. Denn Jesus hat *mich* gesandt. Ich brauche mir dann keine Sorgen um mich selbst zu machen (oder mit den Worten der Aussendungsrede Jesu: Ich werden schon etwas zu essen bekommen). Je unbedarfter ich dem anderen begegne, desto besser.

Papst Franziskus erinnert uns eindrücklich an das leichte Gepäck: Er wählt die kleineren Limousinen und die einfacheren Schuhe. Es ist unglaublich, welche Wirkung das hat. Wir wollen *Menschen* sehen, wenn wir Christen sehen. Das ist nicht nur eine Frage der »Optik«, sondern der Lebensweise und Einstellung.

Ein weiterer Grund scheint mir gegeben: Wenn ich mich wirklich auf die Menschen einlassen will, muss ich flexibel sein. Meine Gedanken und meine Hände müssen frei sein, damit ich dem anderen dienen kann. Ich muss mich mehr um ihn als um mich kümmern können. Was nützt mir ein großes geistiges oder praktisches Equipment, wenn ich noch gar nicht weiß, was die Menschen wirklich brauchen, denen ich begegnen werde? Ich sollte offen und bereit sein, auf ihre je eignen Bedürfnisse zu reagieren. Der Apostel Paulus hat das als Ziel für sich so formuliert: »Allen alles werden.« (1 Korinther 9,22) Jedes überflüssige Gepäck hindert mich daran, mich auf die Menschen einzulassen. Die Kirche in unseren Breiten hat an missionarischer Kraft eingebüßt, bis heute jedoch nichts an finanziellen Mitteln und Immobilien. Wenn ich zu viel Besitz habe, werde ich träge und selbstgenügsam. Besitz gibt uns Sicherheit und Halt. Jesus lädt uns ein, darauf, wenn möglich, zu verzichten, damit unser Zeugnis glaubwürdiger wird. Wir trauen dann nicht unserem Gepäck, unseren Vorbereitungen, sondern nur ihm. Wenn man sich darauf einlässt, den Glauben anderen zu zeigen, so ist das eine wunderbare spirituelle Herausforderung: sich mehr auf Gott zu verlassen als auf sich selbst. Natürlich ist das auch mit Angst verbunden, wenn wir alles loslassen sollen. Jesus aber ermutigt uns, weil er selbst auf uns aufpassen wird. So sagt er später im Lukasevangelium: »Als ich euch ohne Geldbeutel aussandte, ohne Vorratstasche und ohne Schuhe, habt ihr da etwa Not gelitten?« Die Jünger antworteten: »Nein.« (Lukas 22,35) Wir könnten einmal überlegen, was wir persönlich abgeben können – Materielles und auch geistige Einstellungen –, damit unser Glaube für andere besser sichtbar wird.

Und was, wenn ich abgelehnt werde?

Schüttelt den Staub von euren Füßen.

Die erste Reise, die die Zweiundsiebzig unternommen haben, um Zeugnis von Gottes Liebe zu geben, muss recht erfolgreich gewesen sein, zumindest wenn wir dem Bericht im Lukasevangelium folgen. Trotzdem bereitet Jesus die Jünger bereits bei der Aussendung auf den Fall vor, dass ihre Botschaft nicht auf Gegenliebe stößt. »Wenn ihr aber in eine Stadt kommt, in der man euch nicht aufnimmt, dann stellt euch auf die Straße und ruft: Selbst den Staub eurer Stadt, der an unseren Füßen klebt, lassen wir euch zurück; doch das sollt ihr wissen: Das Reich Gottes ist nahe.« (Lukas 10,10–11)

Wenn es stimmt, dass die Botschaft nicht unser Privateigentum ist, und wenn wir außer uns selbst nichts Materielles in das Unternehmen investiert haben, also mit leichtem Gepäck gekommen sind, ist es auch viel leichter, damit umzugehen, wenn unser Zeugnis auf Ablehnung stößt. Wenn man sich verabschiedet, schüttelt man sich die Hände. Schütteln hilft, sich zu trennen. In diesem Fall rät Jesus dazu, die Füße zu schütteln. Das ist eine starke Gebärde, die im Alten Orient gebräuchlich war. Dort war sie nicht Ausdruck von Wut oder Rachegefühl, sondern eher von Reinigung. Schütteln Sie Ihre Füße aus – so werden Sie los, was ohnehin nicht bei Ihnen bleiben wollte. Jesus sagt nicht, wir sollen ungehalten oder böse sein oder den Menschen Vorwürfe machen. Die Freiheit jedes Menschen ist Teil seiner Botschaft, die wir verkünden. Die Botschaft aber bleibt, sogar wenn sie abgelehnt wird. Deshalb spricht er hier davon, sich auf die Straße zu stellen und noch einmal die Botschaft herauszurufen. Sie ist nicht abhängig von Annahme oder Ablehnung. Trotzdem ist jeder in der Entscheidung unvertretbar, ob er sich auf sie einlassen will oder nicht.

In einem Gleichnis, das Jesus erzählt, wird es als geradezu natürlicher Vorgang dargestellt, dass die menschlichen Bemühungen nicht fruchtbar sind (Matthäus 13,1–9): Der Sämann sät ein Vielfaches von dem, was er zu ernten erwarten kann. Gott ist großzügig und hat kein Problem damit, seine Liebe anzubieten. Er »wirft« mehr Taten und Worte »aus« als nötig, um so viele wie möglich an sich zu ziehen. Dass trotzdem nicht alle mitgehen können oder wollen – vielleicht noch nicht –, ist Teil unserer irdischen Wirklichkeit.

Jesu Worte wollen uns helfen, uns vor Frustration oder Ärger zu bewahren. Am meisten habe ich in dieser Hinsicht übrigens von Geschäfts- und Vertriebsleuten gelernt, während ich noch im Verlagswesen gearbeitet habe. Sie haben diese Frustrationstoleranz verinnerlicht: Sie freuen sich, wenn sie etwas verkaufen können, rechnen aber damit, dass es auch liegen bleiben kann. Füße ausschütteln – und weitergehen.

Schade ist's schon, denn »Wer euch hört, der hört mich, und wer euch ablehnt, der lehnt mich ab; wer aber mich ablehnt, der lehnt den ab, der mich gesandt hat«. Fürs Erste aber haben wir getan, was wir tun konnten.

Es macht Freude

Die Zweiundsiebzig kehrten zurück und berichteten voll Freude ...
In dieser Stunde rief Jesus, vom Heiligen Geist erfüllt, voll Freude aus:
»Ich preise dich, Vater.«

Die Reise hat Spaß gemacht. Die Jünger sind voll von ihren Erlebnissen, und ich sehe sie vor mir, wie sie schwatzen und erzählen, lachen und stolz sind. Sie sind erfüllt von der Begegnung mit den anderen Menschen, sind voll des Geistes Jesu, begeistert. Sie waren tatsächlich in der Lage, zu heilen und Dämonen auszutreiben. Was kaum denkbar erschien, Jesus ihnen aber vorausgesagt hatte, wird wahr: »Wer an mich glaubt, wird die Werke, die ich vollbringe, auch vollbringen, und er wird noch größere vollbringen.« (Johannes 14,12) Wer hätte das gedacht? Fasziniert von Jesus – ja! Aber selbst in der Lage, wie Jesus die Botschaft der Liebe Gottes wirksam zu machen? Das ist ein Wunder.

Es scheint, als habe Jesus bereits auf die Jünger gewartet. Er ist keiner, der Leute losschickt und sich dann nicht mehr für sie interessiert oder um sie kümmert, wie es oft im Berufsleben der Fall ist: Man bekommt einen Auftrag oder Job, und danach interessiert sich keiner mehr dafür, ob und wie man ihn erledigt hat. Wie gut zu wissen, dass Jesus selbst auf uns wartet und hören will, wie es uns ergangen ist. Jesus ist unsere »home base«, wir können immer zu ihm zurückkehren. Es ist immer jemand zu Hause. Jesus ist zu Hause für uns. Da ist jemand, dem man einfach erzählen kann, was man erlebt hat. Und mit dem man seine Freude teilen kann.

Wir tun das viel zu selten. Da Religion tabu ist und Spiritualität Privatsache, teilen wir unsere Erfahrungen zu wenig mit anderen. Damit geht uns nicht nur Erfahrungswissen verloren, sondern auch eine Menge Freude. Jesus aber interessiert sich. Er reagiert auf die begeisterten Erzählungen in liebevoller Weise. Zunächst bestätigt er die »Erfolge« der Jünger: »Ja, ich habe den Satan wie einen Blitz vom Himmel fallen sehen.« Aus der Ferne hat er wahrgenommen, was den Jüngern vor Ort passiert und gelungen ist. Ihre positive Erfahrung war keine Einbildung! Ihre Freude ist begründet.

Nach dieser Bestätigung fügt Jesus noch etwas hinzu: »Aber freut euch nicht darüber, dass euch die Dämonen gehorchen, sondern dass eure Namen im Himmel verzeichnet sind« (Lukas 10,20). Will Jesus die Freude seiner Jünger etwa gleich wieder dämpfen? Nein, aber er nimmt die Situation zum Anlass, die Jünger noch etwas zu lehren: Der »erfolgreiche« Gesandte ist in der Gefahr, dass ihm der Erfolg zu Kopf steigt und er das, wozu er »fähig« war, als seine eigene Tat verbucht. Er ist in der Gefahr zu vergessen, dass er nur »erfolgreich« war, weil Jesus ihn gesandt hat, weil Jesus ihm das zugetraut hat, weil es Jesus selbst war, der zu den Menschen kommen wollte. Jesus hat das Wunder bewirkt. Es gibt hier also keinen Grund für die Jünger »abzuheben«, im Gegenteil. Viel Unheil in der Geschichte der christlichen Missionen rührt genau daher, dass die Missionare vergaßen, dass sie »nur« Gesandte sind und nicht Gott selbst. Aber: Grund zur Freude ist, dass eine so unglaubliche Nähe zwischen ihnen und Gott bestehen kann (ihre Namen sind bei Gott verzeichnet).

An dieser Stelle fügt der Evangelist Lukas den sogenannten Jubelruf Jesu ein. »Ich preise dich, Vater, dass du das den Unmündigen offenbart hast.« (Lukas 10,21) Danach heißt es: »Dann wandte er sich den Jüngern wieder zu und sagte …« Der letzte Satz macht deutlich, dass Jesus seinen Jubel verborgen vor den Jüngern zum Ausdruck bringt. Der Grund ist wohl, dass er ihren Stolz nicht anheizen will.

Das Aufbauende an dieser Geschichte ist für mich, wie sehr sich Jesus selbst darüber freut, dass es den Jüngern so gut ergangen ist. Die Botschaft ist bei den Menschen angekommen, und die Jünger haben auch davon profitiert. Alles ist gut. In den Erzählungen der Evangelien erscheint Jesus nur an wenigen Stellen wirklich emotional. Hier aber hört man ihn förmlich begeistert »Ja!« rufen, »es hat geklappt!«. Und diese Begeisterung mündet in das Lob Gottes: »Ich preise dich, Vater«, denn vom Vater ging alles aus.

Ich habe einen alten Afrika-Missionar, der über fünfzig Jahre lang im Busch von Tansania mit den Menschen lebte und betete, gefragt: »Was war dein freudigstes Erlebnis bisher?« Er erzählte: »Wir hielten einmal in unserer Gemeinde in Nyangao ein Eheseminar. Einhundertfünfzig Paare waren gekommen. Zwei Tage lang waren wir zusammen, und am Ende feierten wir einen Gottesdienst, der mit einem Freudentanz endete. Ich werde das nie vergessen.« Freude und Dankbarkeit über die von Gott erfahrene Liebe, das sind die echten Charakteristika von Mission.

Wenn wir heute von der Weitergabe des Glaubens sprechen, dann oft mit dem Unterton der Frustration oder besorgter Zurückhaltung. Dabei handelt es sich doch um eine freudige Sache! Wir sollten als Christen, als Eltern, Großeltern, Religionslehrer, wo immer wir stehen, zuallererst das Freudige teilen mit unseren Mitmenschen. Evangelium bedeutet »Frohe Botschaft«.

Gott liebt es, sich zu zeigen

Uns mit unseren Überzeugungen und unserem Glauben zu zeigen, kann manchmal eine wirkliche »Reise« sein. Auch wenn es in unserem Alltag in Bruchteilen von Sekunden geschehen mag, es wird uns trotzdem dabei eine ganze innere Reise zugetraut. Der Grund dafür ist, dass wir im Zeugnisgeben sehr nahe an das »Wesen« Gottes herankommen. Wir sind eingeladen, uns dabei ganz für ihn zu öffnen und für das, was er durch uns tun will. Das Wesen Gottes aber ist es, sich zu verströmen und zu verschenken. Gott ist Liebe. Und Liebe kann nicht für sich bleiben. Sie ist kreativ. So hat Gott die Welt geschaffen, als sein Abbild. In der Schöpfung zeigt sich Gott. Heute haben so viele Menschen einen Sinn dafür, dass die Natur und die Schöpfung Ausdruck des Göttlichen sind. Es macht Gott Freude, sich darin zu zeigen; und uns, ihn darin zu sehen.

Doch das war Gott, so glauben wir, noch nicht genug. Er wollte sich ganz unmittelbar, in seinem Wesen mitteilen. Er selbst, ganz persönlich, wollte sich zeigen, unverhüllt, für jeden Menschen sichtbar, angreifbar, fassbar. So wurde sein Sohn geboren. Barfuß und ohne Vorratstaschen. Und wieder: Gott liebt es nicht, sich zu verstecken, sondern im Gegenteil, sich zu zeigen. Er zeigt sich in Jesus. Wenn wir in Jesu Augen schauen, sehen wir Gott. Wenn wir sein Handeln sehen, erkennen wir Gott. Wenn wir ihn reden hören, hören wir Gott.

Gott will seine Gottheit nicht für sich behalten, sondern sie teilen. Er ist ultimativ inklusiv, könnte man sagen. Alle sollen Anteil haben an seiner Gottheit, da doch auch alle aus ihr hervorgegangen sind. Alle sollen das Leben haben, göttliches Leben, Leben in Fülle (vgl. Johannes 10,10).

Gott in sich selbst ist verströmende Liebe. Das drücken wir aus, indem wir vom »dreieinigen« Gott sprechen. Gott ist kein Monolith, sondern drei Personen, die miteinander liebend verbunden sind. Die Theologie der Dreifaltigkeit, wie sie der heilige Augustinus entwickelt hat, spricht von den »Missionen Gottes« (missiones dei).[4] Er meint damit: Jesus Christus, der Sohn Gottes, geht aus dem Vater hervor; er wird aus ihm heraus »gesandt«, ebenso wie der Heilige Geist. Im Wesen Gottes sind nach christlicher Auffassung also »Sendungen« enthalten. Gott geht aus sich selbst heraus, er fließt aus sich aus, der Sohn aus dem Vater und der Heilige Geist aus Vater und Sohn. Das ist der theologische Kern des Missionarischen. Weil Gott selbst missionarisch ist, das heißt, nicht bei sich selbst bleiben wollte, sondern aus sich herausgegangen ist und sich zeigt, deswegen sind wir Menschen dazu eingeladen, in diese göttliche Dynamik einzuschwingen, aus uns herauszugehen und uns zu zeigen.

Ich finde diesen Gedanken beglückend: Ich darf an der göttlichen Dynamik teilnehmen mit meinen bescheidenen Mitteln. Ich finde ihn auch entlastend, weil es sich hier um einen größeren Auftrag handelt, für den Gott letztlich die Verantwortung trägt – mit der einen Ausnahme, dass ich mich ihm öffne. Ich darf mich als Mensch, so wie ich von Gott geschaffen bin, zeigen, weil ich etwas von seiner Schönheit, von seiner Wahrheit, von seiner Güte widerspiegele.

Zweifel dürfen sein

Aus Erfahrung wissen wir allerdings, dass das manchmal gar nicht so einfach ist. Erstens ist man im Alltag nicht wirklich immer gefühlsmäßig so nah an Gott dran. Zweitens möchte man doch einfach authentisch sein. Nehmen wir einmal ein Beispiel: Als Religionslehrer können wir heute den Kindern und Schülern ohnehin nur noch das vermitteln, wovon wir selbst wirklich überzeugt sind. Alles, was wir selbst nicht verstanden oder nie erfahren haben, alles, womit wir nichts anfangen können in Bezug auf den christlichen Glauben, auch das, was wir selbst gar nicht leben und woran wir uns nicht halten, wird uns doch ohnehin niemand abnehmen.

Wenn wir uns zeigen, gerade in religiösen Belangen, dann wollen wir uns so zeigen, wie wir sind. Wir wollen nichts vorspielen, nichts Falsches vorgeben. Nur wenn ich authentisch bin, wenn ich ich selbst bin, werde ich den anderen berühren können. Jede Art von Heuchelei hingegen oder Bigotterie schreckt die Menschen eher ab, als dass sie anzieht. Nur wenn ich hinter dem stehen kann, wovon ich Zeugnis gebe, ist mein Zeugnis ehrlich und überzeugend.

Allerdings steckt in dem Anspruch, authentisch zu sein, auch eine Versuchung. Authentizität bedeutet ja, dass ich mit mir übereinstimme. Aber weiß ich denn immer, wer ich bin? Wann weiß ich das so genau? Und wann bin ich hundertprozentig sicher in dem, was ich glaube? Perfektionismus kann dazu führen, dass wir uns selten oder nie zeigen, weil wir uns nie *ganz* sicher sein können.

Wir können diesbezüglich vom heiligen Thomas lernen. Er wollte es hundertprozentig wissen. Die Jünger erzählten ihm: Jesus ist auferstanden, er lebt wirklich! Sie zeigten sich ihm in ihrem Glauben. Thomas aber vertraute ihnen nicht. Er wollte selbst erfahren und begreifen, wollte Jesus anfassen, um ganz sicher sein zu können. Jesus respektiert seinen Wunsch und kommt noch einmal zu seinen Jüngern, eine Woche nach seiner ersten Erscheinung. Er liebt es, sich zu zeigen. Er zeigt Thomas die Wunden an seinen Händen und Füßen, und Thomas fällt auf die Knie, glaubt jetzt und bekennt: »Mein Herr und mein Gott.«

Was hilft Thomas zu glauben? Es ist, dass Jesus ihm seine Wunden zeigt. Dass er sich ihm in seiner Verletztlichkeit zeigt. Die Jünger waren wahrscheinlich voll Begeisterung auf Thomas zugestürmt. Sie waren sich ganz sicher über Jesus und sicher auch authentisch. Trotzdem waren sie nicht überzeugend. Thomas mag gedacht haben: Werden die da nicht gerade von ihren Emotionen davongetragen? Ich will mehr Sicherheit! Jesus antwortet auf dieses Bedürfnis. Was Thomas schließlich dazu bewegt, Jesus zu erkennen, ist, dass ihm Jesus seine Wunden zeigt.

Wir können das als Modell zum Zeugnisgeben hernehmen. Manchmal ist es besser, etwas von seinen religiösen Gefühlen in aller Gebrochenheit und Unvollkommenheit zu zeigen, als mit titanischer Glaubensüberzeugung daherzukommen. Wir können unsere Zweifel ruhig durchscheinen lassen, indem wir zum Beispiel sagen: »Ich bin mir nicht ganz sicher, aber mein Empfinden ist ...«, »Ich glaube, dass ..., aber natürlich kann ich mich auch irren«, »Früher habe ich das so gesehen, heute sehe ich es so ...«, »Ich kann es nicht recht begründen, aber ich glaube ...« Oder um noch ein konkretes Beispiel zu nennen: »Gott fordert uns im Alten Testament auf, den Sabbat zu heiligen, und die Kirche möchte, dass wir jeden Sonntag in die Kirche gehen. Ich muss zugeben, ich tue es nicht immer. Manchmal schaffe ich es nicht. Manchmal bin ich auch einfach zu faul. Aber wenn ich es tue, geht es mir gut. Und ich finde es eine gute Sache. Ich finde es eine wichtige Sache.«

Wenn wir Thomas den Zweifler mit in unser Zeugnis hineinnehmen, sind wir überzeugender, als wenn wir über jeden Zweifel erhaben scheinen. Wenn wir uns wie Jesus in unserer Verletzlichkeit zeigen, kommt die Liebe besser zu uns durch.

Zu unserer Verletzlichkeit gehört es aber auch, dass wir im Zeugnisgeben immer wieder auf andere angewiesen sind. Das heißt für mich zum Beispiel: Was ist eigentlich so schlimm daran, wenn ich sage, dies und das glaube ich oder tue ich, weil die Kirche es so macht? Ist es nicht in Ordnung, wenn ich mich einer Gemeinschaft von Milliarden Menschen anschließe und davon ausgehe, dass diese schon nicht alle völlig »spinnen«? Da wir oft den Anspruch haben, alles aus uns heraus glauben und begründen zu müssen, bleibt manchmal nicht viel vom Glauben übrig. Es ist eine Überforderung. Stattdessen bin ich eingeladen, im Lauf meines Lebens schrittweise von einem »gelernten« zu einem »erfahrenen« Glauben zu gelangen. Dabei kann die Gemeinschaft der Glaubenden mir helfen.

Jesus fragt seine Jünger, bevor er sie losschickt, nicht: Habt ihr auch alles genau verstanden? Lebt ihr auch alles genau so, wie ihr es verkünden werdet? Könnt ihr auch hundertprozentig dahinterstehen? Nur wenn ihr ganz authentisch seid, könnt ihr von mir Zeugnis geben! Stattdessen sendet er noch einen zweiten Jünger mit zur Unterstützung. Dieser steht sozusagen für die Gemeinschaft der Gläubigen. Und es reicht ihm, dass er selbst uns sendet. Es sind nicht wir, die das Zeugnis wahrmachen, das wir geben. Es ist letztlich Jesus selbst. Es geht ja um seine Wahrheit.

Frère Roger (1915–2005), der Gründer von Taizé, hat uns einmal geraten: »Lebe das, was du vom Evangelium verstanden hast. Und wenn es noch so wenig ist. Aber lebe es!« Und jenen, denen die Übereinstimmung mit der Kirche, der Gemeinschaft der Gläubigen, wichtig geworden ist, möchte ich sagen: Auch hier muss nichts vollkommen sein. Fangt doch mit dem an, was ihr glauben könnt. In meinem Leben ist es sehr oft so gewesen, dass ich bestimmte Glaubenssätze oder auch moralische Ansichten der Kirche über Jahre nicht wirklich verstanden habe oder einordnen konnte. Ich hatte auch Schwierigkeiten, sie zu leben. Bis ich eines Tages über die entsprechende Erfahrung stolperte und sah: Was die Kirche lehrt, ist ja genau richtig!

Der heilige Paulus sagt: »Die Liebe hört niemals auf. Prophetisches Reden hat ein Ende, Zungenrede verstummt, Erkenntnis vergeht. Denn Stückwerk ist unser Erkennen, Stückwerk unser prophetisches Reden; wenn aber das Vollendete kommt, vergeht alles Stückwerk. Als ich ein Kind war, redete ich wie ein Kind, dachte wie ein Kind und urteilte wie ein Kind. Als ich ein Mann wurde, legte ich ab, was Kind an mir war. Jetzt schauen wir in einen Spiegel und sehen nur rätselhafte Umrisse, dann aber schauen wir von Angesicht zu Angesicht. Jetzt erkenne ich unvollkommen, dann aber werde ich durch und durch erkennen, so wie ich auch durch und durch erkannt worden bin. Für jetzt bleiben Glaube, Hoffnung, Liebe, diese drei; doch am größten unter ihnen ist die Liebe.« (1 Korinther 13,8–13)

Ich brauche nicht zu warten, bis mein Wissen über das Göttliche vollkommen ist, bevor ich damit anfange, etwas davon zu erzählen. Ich bleibe mein Leben lang ein Lernender und Wachsender, ich darf schreiten von Erkenntnis zu Erkenntnis, und in aller Bruchstückhaftigkeit und Unvollkommenheit darf ich jetzt schon Zeugnis geben, wenn es denn getragen ist von Hoffnung und Liebe.

Bevor ich losgehe

Vielleicht haben Sie, liebe Leserin, lieber Leser, etwas Lust bekommen, mehr von Ihrem Glauben auch nach außen zu zeigen. Das zu tun ist ein spiritueller Weg, bei dem wir wachsen können und unserem göttlichen Kern näher kommen. Bevor wir uns selbst aber »auf andere loslassen«, sollten wir drei Grundsätze beherzigen, die ich Ihnen gerne empfehlen möchte:

- Beginne deine Mission mit Gebet und in Stille.
- Wende, was du zu sagen hast, zuallererst auf dich selbst an.
- Habe Mut!

Jesus kam aus der Stille

Bevor Jesus selbst mit seiner öffentlichen Tätigkeit beginnt, zieht er sich zunächst in die Wüste zurück. Der Heilige Geist ist es, der ihn dorthin führt. Die Zeit in Einsamkeit, Stille und Gebet scheint wichtig für ihn zu sein, bevor er schließlich beginnt zu predigen und zu heilen. Aber auch während der aktiven Zeit seines Lehrens kehrt er immer wieder in die Einsamkeit zurück: »Jesus zog sich mit seinen Jüngern an den See zurück« (Markus 3,7); »Jesus fuhr mit dem Boot in eine einsame Gegend, um allein zu sein« (Matthäus 14,13); »In aller Frühe, als es noch dunkel war, stand er auf und ging an einen einsamen Ort, um zu beten« (Markus 1,35). Diese Bemerkungen klingen fast etwas schematisch, so oft begegnen sie uns in den Evangelien, und vielleicht hat der Evangelist hier auch redaktionell nachgeholfen. Sicher aber ist, dass Jesus nicht nur die Nähe zu den Menschen gesucht hat, sondern auch ihren Abstand und die besondere Nähe zu Gott.

Jesu Mission scheint mir in dieser Hinsicht grundsätzlich verschieden zu sein von allen anderen möglichen »Missionen« von Unternehmen, Organisationen oder Einzelpersonen. Sie kommt aus der Stille und führt auch wieder in die Stille und ins Gebet. Denn das Gebet ist ein besonderer Ort der Nähe Gottes. Wenn unser Zeugnisgeben nicht von diesem Element der Stille, des Respekts, der Liebe und des lebendigen Gesprächs mit Gott getragen ist, sind wir eher wie eine »lärmende Pauke« (1 Korinther 13,1), die zwar auf sich aufmerksam macht, aber eigentlich nichts zu vermitteln hat.

Ich durfte vor einigen Jahren eine Gemeinschaft kennenlernen, die mich in ihrer Art, Zeugnis zu geben, sehr überzeugt und berührt hat: die Verbum-Dei-Missionarinnen.[5] Es ist eine internationale Gemeinschaft mit vielen jungen Ordensfrauen. Aktiver, solidarischer und näher am Menschen kann man sich ein Leben kaum vorstellen. Einmal in der Woche jedoch, am Mittwoch, ziehen sich alle Frauen zurück, um nur eines zu tun: in der Stille bei Jesus zu sein, zu beten, den Glauben miteinander zu teilen, sich zu sammeln. Und einmal im Jahr nehmen sie sich einen vollen Monat Zeit für Schweigeexerzitien. Das ist nicht nur nötig, wie sie mir versicherten, um wieder neue Ideen zu sammeln für weitere Predigten und Vorträge, sondern um sich neu auszurichten an dem, der sie sendet.

Die Stille und das Gebet beschützen uns, wenn wir über Gott und unseren Glauben sprechen. Sie bewahren uns vor der Gewalttätigkeit, die in unseren Worten oder Taten stecken könnte, vor der Versuchung der Manipulation, sie bewahren uns aber auch vor Anbiederung und vor Eitelkeit.

Klöster haben heute eine große Ausstrahlung. Ein Grund dafür mag sein, dass die Mönche und Nonnen versuchen, alles, was sie unternehmen, aus dem Gebet kommen zu lassen. Die Menschen sehen das nicht nur, sie spüren es auch, glaube ich. In unserem hektischen Leben brauchen wir nicht jemanden, der seinerseits vor Aktivismus überquillt und oberflächlich an uns »vorüberwischt«. Wir möchten Menschen begegnen, die aus der Tiefe, ja aus der Kontemplation schöpfen.

»Als tiefes Schweigen das All umfing und die Nacht bis zur Mitte gelangt war, da sprang dein allmächtiges Wort vom Himmel, vom königlichen Thron herab.« (Weisheit 18,14–15) Die Mönche singen diesen Text, der aus der Weisheitsliteratur des Alten Testaments stammt, in ihren gregorianischen Gesängen an Weihnachten. Die Stille der Weihnachtsnacht ist der Moment, in dem Gott aus sich heraustritt, sich zeigt, von seinem göttlichen Thorn »herabspringt« und Mensch wird. Das Wort Gottes, Jesus, geht aus der Stille hervor. Das sollten auch unsere Worte und Taten tun.

In diesem geheimnisvollen »Ausgang« des Sohnes Gottes aus dem Vater liegt der Anfang jeder Verkündigung. Wenn wir nicht mit diesem Geheimnis in Kontakt sind, das wir nur in der Stille und im Gebet berühren können, werden wir stets mehr uns selbst als Gott künden. Nur die Anerkennung dieser Realität, dass wir mit unserer Weitergabe des Glaubens teilhaben am Werk Gottes selbst, schützt uns vor der Übermacht unserer privaten Motivationen und Interessen.

Jesus selbst ist die »Mission« Gottes. Bevor wir in allerlei Aktivismus verfallen, sollten wir uns zunächst im Gebet mit ihm verbinden und horchen, wohin er uns denn überhaupt senden will. Wir werden seiner Mission nichts Spezielles hinzufügen, sondern ihr nur dienen.

Papst Pius XI. hat 1927 den Jesuiten Franz Xaver (1506–1552) und die Karmelitin Therese von Lisieux (1873–1897) zu den Patronen der Weltmission ernannt. Die Ernennung der »kleinen Therese« hat mich dabei schon immer provoziert. Während Xaver offensichtlich große

Dinge vollbracht hat, indem er nach Indien und Japan vorgedrungen ist, hat die junge Ordensfrau ihr Kloster nie verlassen. Wie sollte sie »missionarisch« genannt werden können? Warum sollte gerade sie Patronin der Mission sein? Wohl gerade weil sie für die Missionare vor Ort betete und selbst im Gebet und in der Stille die geheimnisvolle Dynamik, die von Gott ausgeht, mitvollzogen hat. Damit hat sie vielleicht einen viel größeren Beitrag geleistet, als wir denken.

Die Stille ist der perfekte Weg, um das Hören zu lernen. Zeugnis zu geben setzt das Hören voraus. Was spricht mein Gewissen in mir? Was ist die Wahrheit, die ich sagen soll? Zeugnis zu geben ist ein wunderbarer Weg, sich selbst und sein Innerstes besser kennenzulernen. »Höre, mein Sohn, meine Tochter«, beginnt der heilige Benedikt seine Regel, »und höre mit dem Ohr deines Herzens.«[6] Oft wissen wir selbst nicht, wer wir wirklich sind, wenn wir uns nicht uns selbst zuneigen und uns dann damit der Welt zeigen.

Hören ist auch die beste Voraussetzung, den Menschen in Respekt und Liebe zu begegnen. Sonst ergibt sich kein Gespräch, sondern ein Monolog. Im Hören habe ich die Chance, den anderen wirklich in seiner Ganzheit wahrzunehmen; ich kann zusammen mit ihm den Impulsen des Göttlichen lauschen, die sich in ihm zeigen möchten.

Wenn wir uns mehr Zeit nehmen für die Stille, dann tun wir bereits etwas Gutes, nicht nur für uns selbst. Wenn wir kleine Rituale in unseren Alltag einbauen können, die uns mit unserem göttlichen Kern in Verbindung bringen, dann werden wir auch andere damit anstecken können. Wenn wir ein aktives Gebetsleben haben, vielleicht am Abend oder am Morgen, in Stoßgebeten, freien Gebeten oder mit Gebeten aus unserem Traditionsschatz, dann sind wir schon dabei, auch für andere etwas Gutes zu tun und unseren Glauben weiterzugeben.

Zuerst missioniere dich selbst!

Im Kapitel »Zweifel dürfen sein« habe ich versucht, zu ermutigen, unseren Glauben zu zeigen, auch wenn er unvollkommen ist. Es ist wichtig, dass wir uns hier etwas entlasten und Druck von uns nehmen, denn sonst trauen wir uns nie oder finden uns nie berechtigt, Zeugnis zu geben. Oder unser Zeugnis wird unerträglich »richtig«.

Das nimmt nichts weg von der Tatsache, dass wir natürlich aufgefordert sind zu leben, was wir vom Glauben zeigen wollen. Wer Wasser predigt, doch Wein trinkt, wird kaum Gehör finden. »Wir wollen nicht lieben mit Wort und Zunge, sondern in Tat und Wahrheit«, rät uns der Johannesbrief (1 Johannes 3,18). Authentizität ist ein wichtiges Kriterium unseres missionarischen Tuns. Wer nicht wenigstens versucht zu leben, was er predigt, ist nicht überzeugend und wird anstatt Zustimmung eher Befremdung oder Spott ernten.

Was bedeutet das konkret? Die erste Adresse meines Zeugnisgebens sollte immer ich selbst sein. Wenn ich Zeugnis gebe von der Liebe und das nicht liebevoll tue, nützt es mir nichts und dem anderen auch nicht – es wird wirkungslos bleiben. Wenn ich von der Hoffnung rede, selbst aber nicht hoffnungsvoll bin, wird das keine Wirkung haben. Wenn ich von der Freude spreche – hier scheint es mir am deutlichsten zu sein –, aber nicht froh und zufrieden bin, ist es nicht überzeugend. Wenn ich mich zunächst selbst bekehrt habe, hat das in sich bereits eine gute Wirkung, die ausstrahlen wird, ohne dass ich sehr viel dazutun muss.

Um Simon und Johannes zu überzeugen, ihm nachzufolgen, zeigt Jesus ihnen einfach, wo er wohnt und wie er lebt (Johannes 1,39). Das ist eine stille Art des Missionierens, die oft die wirkungsvollste ist. Es ist eigenartig, dass laute Prediger, die mit hundertprozentiger Überzeugung auf die Menschen »eindonnern«, sich später oft als Menschen herausstellen, die ihren Schwächen total erlegen sind und moralisch sehr fragwürdig gelebt haben. Allerdings: Auch Leisetreter können Heuchler sein.

Ich bin der erste Adressat meines Zeugnisses. Wenn ich mich öffne für das, was ich verkünde, brauche ich es noch nicht vollständig begriffen oder sogar umgesetzt zu haben, aber ich sollte Gott an mir wirken lassen. Diese Beobachtung mache ich oft beim Predigen: Ich versuche bei der Vorbereitung, die Frohe Botschaft, um die es geht, an mir wirksam werden zu lassen. Wenn es darum gehen soll, dass die Armen selig zu preisen sind, versuche ich, an diese Verheißung zu glauben und die Schönheit und den Segen des »Wenigerhabens« in meinem Leben zu entdecken oder mit Armen in Kontakt zu kommen und ihnen praktisch zu helfen. Wenn ich über das Dienen predige, darf ich das tun, auch wenn ich nicht der beste »Diener« bin. Was meine Zuhörer aber spüren, ist, ob ich diese Botschaft auf mich selbst zutreffen lasse, ob ich selbst daran arbeite. Die Botschaft *gehört* ja nicht mir. Es wäre eine Illusion, sie eines Tages ganz zu »haben«. Aber sie *gilt* auch mir. Ich bin der erste Adressat meiner Missionsarbeit.

Diese Wahrheit liegt nicht nur auf der Ebene gelungener Kommunikation, sondern hat theologische Wurzeln. Christsein beginnt mit der Umkehr. Jesus hat sich an den Jordan begeben und ist dem Ruf Johannes des Täufers gefolgt, umzukehren. Als er selbst zu predigen begann, war seine erste Botschaft: »Kehrt um und glaubt an das Evangelium!« (Markus 1,15) Umkehr war vom Anfang an Kernbestandteil des Christentums. Zuerst wollte man sein Leben ändern, es ganz praktisch von Gott her leben, dann erst wurde man getauft. Man stieg aus dem Militärdienst aus, trennte sich von einer Konkubine, gab die Hälfte des Vermögens den Armen, hörte auf zu trinken, machte Frieden mit seinem Nachbarn – dann erst wurde man Christ. Heute vergessen wir diesen Teil leider zu oft. Wenn wir uns trauen, mehr vom Glauben zu bezeugen, könnte das eine Anregung sein, auch mehr an uns zu arbeiten. Damit unser Handeln so deckungsgleich wie möglich ist.

Wenn ich die Umkehr – auch lange nach meiner Erstbekehrung oder Taufe – unterlasse, wird mein Handeln leer bleiben. Wenn ich aber ehrlich und demütig weiter daran arbeite, kann die Botschaft selbst (nicht ich) durch mich hindurchklingen. Die Menschen sehen quasi, wie die Botschaft an mir wirkt, sich in mir entfaltet und mich transformiert. Papst Johannes Paul II. hat in seiner Enzyklika »*Redemptoris Missio*« einmal gesagt: »Der wahre Missionar ist der Heilige.« Mission ist ein spirituelles Geschehen.

Habt Mut!

Beginne in Stille, geh konsequent deinen eigenen spirituellen Weg und dann achte darauf, wo dich eine Situation, eine Person dazu »ruft«, aus dir herauszutreten und etwas zu sagen oder zu zeigen. Dieses »Heraustreten« kostet etwas Mut. Oft ist es eine leichte Angst, die uns hindert, uns zu zeigen. Diese Angst ist verständlich, weil wir uns im Zeigen verletzlich machen. Wie können wir mit ihr sinnvoll umgehen?

Vereinfachend gesagt, gibt es zwei Arten von Angst. Zum einen die, die mich warnen möchte: Der Bergsteiger schaut in den Abgrund. Die Angst sagt ihm: »Vorsicht, gib Obacht.« Diese Angst schützt uns und hat eine wichtige Funktion für unser Überleben. Die andere Art von Angst ist Schwellenangst. Sie tritt natürlicherweise auf, wenn wir etwas Neues vor uns haben, zum Beispiel als Kind vor der Einschulung, als Schüler vor der Abiturprüfung, die Frau vor der Geburt ihres Kindes, der Künstler vor dem Betreten der Bühne. Es ist eine Angst, die uns – im Gegensatz zur vorher genannten – *einlädt*, nach vorne zu schreiten, durch die Angst hindurchzugehen. Sie will uns nicht etwa warnen: Mach die Prüfung lieber nicht, geh lieber nicht auf die Bühne, bekomm das Kind lieber nicht! Diese Angst verhilft uns stattdessen zum notwendigen Adrenalin, um das Bevorstehende zu meistern.

Wenn wir uns in unserem Glauben zeigen, verlassen wir dabei unseren vertrauten Bereich und gehen in die Begegnung mit einem anderen Menschen. Es ist ganz verständlich, dass dabei eine leichte Bangigkeit aufkommt.

Antonia Werr (1813–1868), die Gründerin der Oberzeller Franziskanerinnen, die zu einer weltweiten Kongregation geworden sind, sprach in solchen Situationen immer beherzt zu sich selbst: »Vertrau auf Ihn, Er führt Dich, Er leitet Dich: Nur Mut!« Ein Mitbruder von mir pflegt immer wieder zu sagen: »Keine Angst, Gott ist gut!« Wem will ich denn begegnen in meinen missionarischen Bemühungen? Ich bin auf der Suche nach Gott, nach Christus im Mitmenschen. Könnte ich Schöneres finden? Keine Angst vor Christus! Wenn ich dann stattdessen den »Dämonen« begegnen sollte, wird mir der Herr auch die nötige Kraft in dieser Situation geben, denn er hat mich ja gesandt. Es ist vielleicht wegen dieser Furcht, dass er bei seiner Aussendung den Jüngern sagte: »Geht! Ich sende euch wie Schafe mitten unter die Wölfe.« Damit hat er bestätigt: Es kann eine riskante Sache sein.

Im zweiten Brief an Timotheus sagt der Missionar Paulus: »Gott hat uns nicht einen Geist der Verzagtheit gegeben, sondern den Geist der Kraft, der Liebe und der Besonnenheit.« Verzagtheit ist keine Frucht des Heiligen Geistes. Man sagt, die Bibel enthielte 365-mal den Satz »Fürchte dich nicht!«, also für jeden Tag des Jahres einen. Die zentrale Botschaft des Alten Testaments ist doch: Du, Israel, hast einen Gott, der mit dir einen Bund geschlossen hat. Und die des Neuen Testaments: Du, Mensch, hast einen Gott, den du »Abba«, guter Vater, nennen kannst und der dir alle Verfehlungen durch Christus vergeben hat. Der in deiner Mitte seine gute Herrschaft errichtet. Warum also sich fürchten? Wir haben im Deutschen nicht von ungefähr das Wort »Heidenangst«. Die frühen Christen haben diese Art der Angst als etwas typisch Heidnisches, also Nichtchristliches empfunden. Als Christen können wir die Angst im Heiligen Geist überwinden.

Ich werbe hier nicht für eine Art Draufgängertum als »Gotteskrieger«, aber um den Mut, der uns aus dem Glauben zuwächst. Wir dürfen dabei ruhig an Don Camillo denken, der, wenn er nicht mehr weiterwusste, zu Gott betete und ihm die Verantwortung überließ: »Herr, du hast mich in diese Situation geschickt, nun gib mir auch den Mut dafür!«

Vielleicht ein paar Beispiele aus dem Alltag: Ein Freund von mir spielt in einer Band, die hauptsächlich christliche Lieder zur Aufführung bringt. Er erzählte mir, er würde eigentlich am liebsten die Bandprobe mit einem gemeinsamen Gebet beginnen. Er habe aber Angst, dass ein solcher Vorschlag überheblich klingen könnte. Vielleicht könnte er es so einleiten: »Ich würde eigentlich gerne mit einem Gebet beginnen. Mir würde das guttun. Könnt ihr euch das auch vorstellen? Ich möchte nicht frömmelnd oder überheblich klingen, aber es täte mir wirklich gut.«

Oft habe ich mir Gedanken gemacht, ob ich vor dem Essen in einer fremden Umgebung das Kreuzzeichen machen soll. Warum eigentlich nicht? Mit Gott darf ich den Mut dazu haben. Ich habe mir angewöhnt, in diesem Moment nicht nur für mich, sondern gleichzeitig still für alle anderen im Raum zu beten. Das hat noch nie Schwierigkeiten mit sich gebracht.

Es sind also gar nicht so viele »Wölfe« da draußen. Wie man mit ihnen umgeht, ist noch einmal ein anderes Thema, auf das ich später eingehen möchte.

Die Kirche weiß, wie viel Mut Zeugnisgeben kostet. Johannes Paul II. schreibt in seiner Enzyklika »*Redemptoris Missio*« über »Missionarische Spiritualität«: »Sinnbildhaft ist der Fall der Apostel, die trotz ihrer Liebe zum Meister und obwohl sie seinem Ruf großzügig Folge leisteten, sich während seines öffentlichen Auftretens als unfähig erwiesen, seine Worte zu begreifen, und ihm nur widerstrebend auf dem Weg des Leidens und der Demütigung folgten. Der Geist wird sie in mutige

Zeugen Christi und erleuchtete Verkünder seines Wortes verwandeln: Der Geist wird sie über die beschwerlichen und neuen Wege der Mission geleiten.«[7] Und Papst Franziskus ermutigt die Jugend mit den Worten Jesu: »Dies habe ich zu euch gesagt, damit ihr in mir Frieden habt. In der Welt seid ihr in Bedrängnis; aber habt Mut: Ich habe die Welt besiegt.« (Johannes 16,33)

Finde deine ganz eigene Weise, dich zu zeigen

Zum Glück hat Gott uns Menschen sehr unterschiedlich erschaffen. So unterschiedlich unsere Charaktere sind, so unterschiedlich ist auch unsere Art und Weise, wie wir vom Glauben erzählen oder Zeugnis geben. Es gibt hier keine Norm. Jede und jeder ist eingeladen, es auf ihre/seine ganz eigene Weise zu tun.

Die Typologie von Myers-Briggs kann helfen, unseren Stil zu reflektieren.[8] Sie wurde in Anlehnung an die Typologie der Persönlichkeit von Carl Gustav Jung entwickelt und findet meist in Coaching und Personalwesen ihre Anwendung. Sie unterscheidet grob gesprochen zwischen introvertierten und extrovertierten Menschen. Der extrovertierte Mensch nimmt seine Energie aus der Begegnung mit anderen. Diese »laden« ihn »auf«. Für ihn ist es jedoch anstrengend, alleine zu sein. Im Gegensatz dazu schöpft der Introvertierte Kraft, wenn er alleine ist. Zu viele Menschen um ihn herum oder zu lange unter Menschen zu sein strengt ihn an. In den westlichen Gesellschaften sind die Extrovertierten etwas im Vorteil; sie werden eher als der Idealtypus angesehen.[9]

Wenn es darum geht, mich in meinem Glauben oder ganz generell mit Persönlichem zu zeigen, macht es natürlich einen großen Unterschied, ob ich eher introvertiert oder extrovertiert bin. Dem Extrovertierten fällt es leicht, aus sich herauszugehen. Introvertierte hingegen müssen erst eine innere Schwelle überschreiten. Es war für mich eine wichtige und berührende Entdeckung, dass die Bibel für beide Typen ein Modell des Zeugnisgebens bereithält. Ich persönlich bin eher introvertiert. Schauen Sie einmal, welches Modell für Sie besser passt:

Erster Petrusbrief 3,14–16:

Fürchtet euch nicht vor ihnen und lasst euch nicht erschrecken, sondern haltet in eurem Herzen Christus, den Herrn, heilig! Seid stets bereit, jedem Rede und Antwort zu stehen, der nach der Hoffnung fragt, die euch erfüllt; aber antwortet bescheiden und ehrfürchtig, denn ihr habt ein reines Gewissen.

Hier geht die Initiative, Zeugnis zu geben, nicht vom Missionar aus, sondern vom Menschen, der auf der Suche ist. Wir sollen bereit sein, ihm Rede und Antwort zu stehen. Wir sollen also nicht herumlaufen und ständig vom Glauben reden, ob das jemand hören will oder nicht, sondern im Fall, dass jemand danach fragt, auch wirklich etwas sagen. Dass wir »allezeit« dazu bereit sein sollen, erfordert dennoch eine gewisse Grundaktivität. Wir sollen damit rechnen, dass jemand fragt, und uns darüber nicht wundern; wir sollen nicht diesen Moment zu vermeiden suchen oder eine Antwort schuldig bleiben. Wir sollen Christus in unserem Herzen heilig halten, das heißt, im Verborgenen mit ihm in Kontakt sein.

Dieses Modell ist in unserer heutigen Gesellschaft wahrscheinlich über weite Strecken das angemessene. Es hat etwas Behutsames an sich. Man hält sich bereit für den Fall des Falles. Man drängt sich nicht auf, man ist nicht manipulativ, schon gar nicht gewalttätig. Man gibt »demütig« Zeugnis, nicht laut, nicht sich brüstend, nicht überselbstsicher. Wie schon bemerkt: Wenn jemand heute hundertfünfzigprozentig überzeugt ist von etwas, dann schrecken wir zurück. Wahrscheinlich rührt dieses Verhalten aus dem 20. Jahrhundert der Ideologien (Nationalsozialismus, Kommunismus). Wir Menschen haben genug schlechte Erfahrungen damit gemacht. Einfache, menschliche, aus der Erfahrung gespeiste

Antworten in Glaubenssachen jedoch haben sicherlich weiterhin die Chance, gehört zu werden.

Das zweite Modell findet sich am Ende des Matthäusevangeliums und hat vornehmlich die Missiologie der letzten Jahrhunderte geprägt:

Matthäusevangelium 28,18–20:

Da trat Jesus auf sie zu und sagte zu ihnen: Mir ist alle Macht gegeben im Himmel und auf der Erde. Darum geht zu allen Völkern und macht alle Menschen zu meinen Jüngern; tauft sie auf den Namen des Vaters und des Sohnes und des Heiligen Geistes, und lehrt sie, alles zu befolgen, was ich euch geboten habe. Seid gewiss: Ich bin bei euch alle Tage bis zum Ende der Welt.

Hier wird der Missionar von sich aus tätig, weil er einem Auftrag folgt. Er wartet nicht erst, bis er gefragt wird. Er spricht von sich aus. Doch er redet nicht nur irgendwie, er handelt. Und er handelt nicht nur irgendwie, er tauft. Er tauft auch nicht nur irgendwie, er tut es im Namen des »Vaters, des Sohnes und des Heiligen Geistes«. Dies ist eine zielgerichtete Form von Mission. Aktiv auf die Menschen zuzugehen in Glaubensfragen wird heute nicht mehr so häufig praktiziert. Wir wollen nicht mit Massen- und Zwangstaufen in Verbindung gebracht werden. Im Auftrag Jesu steckt jedoch auch ein großes Potenzial für uns: Er macht uns Mut, aktiv auf die Menschen zuzugehen. Das ist dann besonders hilfreich, wenn niemand mehr nach dem Glauben fragt. Wenn beim anderen gar kein Suchen mehr vorhanden ist oder er gar keine Idee vom Religiösen hat, wie sollte er mich dann fragen können? Dann bin ich eingeladen, von mir aus ein Gespräch anzustoßen. Wenn ich es in Liebe und Respekt tue, kann es dem anderen helfen, eine neue Dimension in seinem Leben zu entdecken.

Ich persönlich sehe mich eher als introvertiert. Mir tut das »Fürchtet euch nicht und lasst euch nicht erschrecken« des Petrusbriefes gut. Allerdings hilft mir auch die Energie, die in Jesu Worten im Matthäusevangelium steckt: »Zeig dich! Ich sende dich! Du hast einen Auftrag!« Ich muss besonders das Aus-mir-Herausgehen lernen. Sind wir nicht in unserem Zeugnisgeben ohnehin zu sehr erlahmt? Da kann die Stelle aus Matthäus 28 uns aufrütteln. Immerhin sind es die Schlussworte des ersten Evangeliums.

Für Extrovertierte hingegen mag das erste Modell anregend sein: Fall nicht immer gleich mit der Tür ins Haus! Warte, bis du wirklich gefragt und gewünscht bist. Das gilt generell – und besonders in Glaubenssachen.

Entscheidend ist aber nicht nur, was ich selbst für ein Typ bin, sondern vor allem sollten wir uns leiten lassen von dem Menschen, der uns gegenübersteht, von seinen Bedürfnissen. Wir sollten uns also immer fragen: Was ist gut für ihn? Möchte er überhaupt angesprochen werden? Oder soll ich besser warten, bis er das Thema berührt?

Mission – Reinigung eines Begriffs

Ich habe bisher den Begriff »Mission« nicht häufig gebraucht, weil ich spüre, wie belastet und vergiftet er ist; von der Sache her aber geht es darum. Die Liste der Gründe, warum wir den Begriff nicht mehr benutzen können, ist lang. Wir assoziieren damit Intoleranz, Kulturzerstörung und Kolonalisierung.[10] Die Kreuzzüge fallen uns dazu ein und Zwangstaufen. Es ist beschämend und traurig, dass Mitglieder und Leitende der Kirche selbst für die Vergiftung des Begriffs maßgeblich verantwortlich sind. Der Begriff teilt sein Schicksal mit anderen Ausdrücken, die man nicht mehr gebrauchen kann, weil sie missbraucht wurden, wie zum Beispiel »Kraft durch Freude« oder »der große Bruder«. Interessanterweise ist »Mission« in anderen Sprachen nicht so »verbrannt«. Im Englischen kann man ohne Schwierigkeit von »mission« reden. Jede Organisation oder Firma hat ihre »Mission«, aber auch der Einzelne kann eine solche haben, ohne dass man dabei an etwas Schlechtes denken würde. Meine Hoffnung ist, dass über eine neue Weise, Zeugnis zu geben, die Türen für das Phänomen, das hinter dem Begriff steht, wieder aufgeschlossen werden.

Ich komme an dieser Stelle auf den Begriff zu sprechen, weil nicht nur weite Teile der Gesellschaft, sondern die Kirche selbst damit ihre Schwierigkeiten hat. Zumindest für die katholische Kirche kann ich das so sagen. Im Zweiten Vatikanischen Konzil (1962–1965) wandte man sich endlich unheiligen Phasen der eigenen Geschichte und dunklen Teilen der eigenen Theologie zu und antwortete darauf. Auf den Vorwurf der Intoleranz versuchte man eine Antwort durch das Dokument »*Nostra Aetate*« zu geben, in dem klar bekannt wird, dass das Heil auch außerhalb der Kirche gefunden werden kann und dass in allen Menschen und Religionen Spuren des Göttlichen zu sehen sind.[11] Damit war der Absolutheitsanspruch der Kirche in der alten Form obsolet. Und es gab in den letzten fünfzig Jahren keinerlei ernsthafte oder weiter reichende Bestrebungen, diese Entwicklung wieder zurückzudrehen. Hier hat die Kirche gelernt. Der Prozess ist unumkehrbar. Das gilt für die Theorie wie für die Praxis. Ich bin mir keiner Fälle bewusst, bei denen die Kirche seitdem aus Intoleranz Gewalt gegenüber Andersgläubigen angewandt hätte.

Dem Vorwurf der Kulturzerstörung wurde begegnet mit der Idee der Inkulturation. Für die nachvatikanische Missionstheologie ist dieser Begriff ganz zentral und meint: Christlicher Glaube schließt die Zerstörung der vorgefundenen Kultur aus, er will sich stattdessen in den jeweiligen Kontext inkulturieren. Durch das Evangelium sollen die Schönheit und Würde einer jeden Kultur zum Leuchten gebracht werden. Ich könnte viele Beispiele nennen, wie das tatsächlich auch gelebt wird, unter anderem auch in unserer Kongregation der Missionsbenediktiner in Afrika, Asien und anderen Kontinenten.

Das Zweite Vatikanische Konzil hat also eine dringend nötige Reinigung und Neuorientierung erreicht. Hier aber wird nun der in gewisser Weise tragische Teil dieser Orientierung offenbar: Zum einen wurde man etwas ängstlich, überhaupt noch vom Glauben zu reden, was auf dem Hintergrund der Geschichte verständlich ist. Das führte zum Beispiel dazu, dass meine gesamte religiöse Sozialisation von der Überzeugung geprägt war, die sich in folgender Liedzeile wiederfindet: »Lasst das Missionieren, Friede heißt der Sieg!« Wie oft habe ich das als Jugendlicher gesungen! Wie schade, denn Missionieren und Friedenstiften schließen sich nicht aus, sondern ein: Jesus will, dass wir den Menschen als Erstes »Schalom, Frieden!« sagen. Doch in diesen

Jahren galt es geradezu als Ausweis der »richtigen« Spiritualität, sich *nicht* zu zeigen in seinem Glauben. Viele Ordensleute haben zu dieser Zeit zum Beispiel ihr Ordensgewand abgelegt. Das war ein Zeichen der »Inkulturation« in die moderne Gesellschaft.

Eine persönliche Erfahrung mag das illustrieren: Als Novize habe ich in meiner Benediktinerabtei bei Kursen mit Jugendlichen mitgearbeitet. Die jungen Leute kannten mich also als Mönch, bekleidet mit dem schwarzen Habit. Als ich dann an der Universität außerhalb des Klosters zu studieren begann, spürte ich, es wäre gut, mit dem Habit in die Vorlesungen zu gehen, weil mich die anderen auch so aus der Abtei kannten. Was soll ich sagen? Es waren die 80er-Jahre. Diesen Versuch hielt ich kein halbes Jahr durch. Ich wurde immer wieder schräg angeschaut, als sei ich ein »Superkonservativer«, was ich sicherlich nicht war. Eigentlich hatte ich nur authentisch sein wollen. Heute kann man in unserem Land im Gegensatz zu vielen anderen Ländern der Welt Ordensleute oder Priester nicht mehr in der Öffentlichkeit erkennen.

Im weiteren Verlauf der nachvatikanischen Geschichte begannen dann die Päpste, angefangen mit Paul VI., an die Mission zu erinnern. Johannes Paul II. schuf den Begriff der Neuevangelisierung. Damit bezeichnete er im Gegensatz zum Begriff der Mission die Wiederbelebung des Glaubens in Gegenden, die schon einmal christlich gewesen waren. Er verkörperte auch den Missionsgedanken in neuer Weise. Kein anderer Papst hat so viele Länder besucht und, bevor er dort seinen Mund öffnete, erst einmal den Boden des Landes geküsst. Selbst der scheue Benedikt XVI. hielt eigens eine Synode zur Mission und Neuevangelisierung (27.12.2012). Im bundesdeutschen Raum allerdings fanden all diese Bemühungen nur ein sehr schwaches Echo.

1989 veränderte sich unser Land noch einmal grundlegend. Durch die Wiedervereinigung stieg die Zahl der Menschen, denen Glaube ganz fremd geworden war, sprunghaft an. Es ging trotzdem kein Ruck durch die Kirchen, nach dem Motto: Lasst uns unseren Glauben aktiv anbieten! Die Zögerlichkeit war verständlich, denn die Menschen des Ostens hatten jede Art von »Überbau« satt. Auf der anderen Seite stand die missionarische Lähmung. Eine erfreuliche Ausnahme war auf katholischer Seite das Schreiben des Erfurter Bischofs Reinhard Wanke im Jahr 2000 mit dem Titel »Zeit der Aussaat. Missionarisch Kirche sein«. Das Verschwinden des Begriffs »Mission« hatte also zu einem weitgehenden Verschwinden der Sache selbst geführt.[12]

Als man das in den Kirchen realisierte und gleichzeitig wahrnahm, dass ohne eine aktive Verbreitung des Glaubens die Kirchen bald aussterben würden, fing man an, geradezu allem eine missionarische Dimension zu geben. Während man sich aber bei ausgedehnten Kaffeekränzchen über »missionarische Seelsorge« und »missionarische Gemeindeentwicklung« unterhielt, vergaß man eine wesentliche spirituelle Grunddimension der Mission, nämlich die Tatsache, dass »Mission« immer auch Aus-sich-Heraustreten und Über-die-Grenze-Gehen bedeutet.

Über die Grenze gehen

An und über die Grenzen gehen

Eines Tages war ich eingeladen worden, vor der Abschlussklasse einer Berufsschule einen Vortrag zu halten. Die Schule lag nur wenige Kilometer von unserem Kloster entfernt. Da ich es gewohnt war, Vorträge im Gästehaus unserer Abtei zu halten, hatte ich meine Bausteine für die Rede parat. Als ich jedoch den Klassenraum betrat, spürte ich sofort: Das würde so nicht funktionieren! Nichts von dem, was ich vorbereitet hatte, würde ich gebrauchen können, denn der Großteil der Schüler hatte Migrationshintergrund, und ich vermutete, dass die meisten Muslime waren. Ich wusste sofort, dass ich alles umstellen musste, und setzte spontan bei alttestamentlichen biblischen Geschichten an. Meine Hoffnung war, dass deren Stil für die jungen Leute am ehesten verständlich sein würde. Es klappte! Ich war froh. In Erinnerung geblieben ist mir bis heute dieser kleine »Kulturschock«. Eigentlich schäme ich mich, dass ich mich vorher nicht besser über die Zuhörinnen und Zuhörer informiert hatte. Ich schäme mich über diese Art von Überheblichkeit, die nicht über den eigenen Tellerrand hinausschaut.

Meine Kultur, meine Kreise, meine »Welt« hatte ich zurücklassen, meine Geschichten und meine Worte aufgeben müssen, damit ich die jungen Leute erreichen konnte. Ich hatte aus mir herauskommen und ganz auf das vertrauen müssen, was sich in der Begegnung zeigen wollte. Im Grunde genommen ist jedes Gespräch über Glaube und den Sinn des Lebens ein Überschreiten der eigenen Grenzen. Solange ich in meinem »Gehäuse« bleibe, wird keine Beziehung zustande kommen. Ich muss mich auf den Weg in die »Welt« des anderen machen.¹³ Da es ja um Gott, den Transzendenten, geht, das heißt den, der alles übersteigt, werde ich mit ihm und meinem Gegenüber nur in Kontakt sein können, wenn dieser Grenzübertritt bei mir selbst gelingt.

Jesus ging es ähnlich: Als er sich einmal aus seiner Heimat entfernte und in das Küstengebiet um Sidon und Tyrus reiste, kam eine Frau aus dieser Gegend auf ihn zu, deren Tochter schwer krank war, »und rief: Hab Erbarmen mit mir, Herr, du Sohn Davids! Meine Tochter wird von einem Dämon gequält. Jesus aber gab ihr keine Antwort. Da traten seine Jünger zu ihm und baten: Befrei sie von ihrer Sorge, denn sie schreit hinter uns her. Er antwortete: Ich bin nur zu den verlorenen Schafen des Hauses Israel gesandt. Doch die Frau kam, fiel vor ihm nieder und sagte: Herr, hilf mir! Er erwiderte: Es ist nicht recht, das Brot den Kindern wegzunehmen und den Hunden vorzuwerfen. Da entgegnete sie: Ja, du hast recht, Herr! Aber selbst die Hunde bekommen von den Brotresten, die vom Tisch ihrer Herren fallen. Darauf antwortete ihr Jesus: Frau, dein Glaube ist groß. Was du willst, soll geschehen. Und von dieser Stunde an war ihre Tochter geheilt.« (Matthäus 15,21–28)

Die Reaktion Jesu ist harsch, ja sie wirkt geradezu borniert. Vielleicht war er einfach im »Urlaubsmodus«: keine Sprechstunde für Heilungen und dergleichen. Wahrscheinlicher ist, dass er die »Sendung« zu seinen Volks- und Glaubensgenossen, zu den »Seinen«, wirklich ernstnahm. Er weiß, er hat nicht viel Zeit, und er kann nicht für alle da sein. Wir lernen hier, wie selbst Jesus sich in seiner Sendung, in seiner Mission, korrigieren lassen muss – und zwar durch den Menschen, dem er begegnet.

Die Reaktion der Frau ist enorm. Mit Witz und Demut ordnet sie sich in Jesu beschränkte Haltung ein und erreicht gerade dadurch, dass er hellhörig wird. Bibelforscher gehen davon aus, dass Jesus an dieser Stelle seine universale Sendung aufgegangen ist. Betroffen von der Würde und dem Leiden dieser Frau wurde ihm deutlich, dass seine Botschaft überhaupt nicht auf Israel zu beschränken ist.

Beim Zeugnisgeben begeben wir uns also in die segensreiche Gefahr, über uns hinauszuwachsen. Wir verlassen unsere »comfort zone« und erweitern unseren eigenen Horizont. Nur mit dieser Offenheit, an und über die Grenze zu gehen, werden wir die Versuchung der Überheblichkeit und der Manipulation vermeiden können.

Wer sich aber in dieser Weise aus sich heraustraut, wird fähig, dorthin zu gehen, wo andere nicht mehr hinwollen: an die Ränder der Gesellschaft. So wendet sich Jesus besonders den Benachteiligten und Marginalisierten zu. Er hat keine Angst, sich den Aussätzigen zu nähern, hat ungewöhnlich viel Kontakt mit Frauen, die zu seiner Zeit Menschen zweiter Klasse waren. Er lässt sich von Kollaborateuren der Besatzer zum Essen einladen und hält Mahl mit Prostituierten. Die Jesuiten, ein Orden, dessen Mitglieder besonders die persönliche Nachfolge Jesu suchen und von Anfang an eine starke missionarische Sendung wahrnehmen, haben deshalb »Mission« für sich so neu formuliert: »An die Grenzen gesandt«.

Der Missionar überschreitet Grenzen: kulturelle, nationale, existenzielle, soziale und sprachliche. Dieser Ansatz macht ihn selbst zum Grenzgänger, nicht nur innerhalb der Gesellschaft, sondern sogar innerhalb seiner eigenen Kirche. Der Apostel Paulus, *der* Missionar der Urkirche, hat sich ständig auf diesen Grenzen bewegt. In der Begegnung mit Menschen nichtjüdischer Herkunft und im Gebet wurde ihm klar, dass man die »Heiden« nicht zum jüdischen Ritual der Beschneidung nötigen sollte, wenn sie Christen werden wollten.[14] Die Bekehrung selbst wurde zu deren »Beschneidung«. Als das Thema in Jerusalem mit den etablierten Christen verhandelt wurde, also mit Jakobus, Petrus und Johannes, die nach Paulus' Zeugnis im Galaterbrief als »die Säulen« bezeichnet wurden, da setzte sich seine Sichtweise schließlich durch. Die Kirche erneuert sich von ihren Rändern.

Papst Franziskus, der im Sinn der Neuevangelisierung auf eine stärkere Dezentralisierung der Kirche dringt, hat es im Vorkonklave auf den Punkt gebracht: »Evangelisierung setzt apostolischen Eifer voraus. Sie setzt in der Kirche kühne Redefreiheit voraus, damit sie aus sich selbst herausgeht. Sie ist aufgerufen, aus sich selbst herauszugehen und an die Ränder zu gehen. Nicht nur an die geografischen Ränder, sondern an die Grenzen der menschlichen Existenz: die des Mysteriums der Sünde, die des Schmerzes, die der Ungerechtigkeit, die der Ignoranz, die der fehlenden religiösen Praxis, die des Denkens, die jeglichen Elends.«

Wir tun heute viel, um uns etwas Abwechslung zu verschaffen. Wir suchen den »Kick«, der uns mit Energien in Kontakt bringt, die im normalen Alltag nicht mehr abgerufen werden können. So könnte man vielleicht all die Sportarten erklären, die »an die Grenze« gehen, von Marathon bis Bungee-Jumping. Ich hätte da eine weitere Idee: Sprechen Sie einfach mal mit Ihrem Nachbarn über den Glauben. Das dürfte zumindest ein Kribbeln hervorrufen ...

Jesus schätzt die Fremden

Jesus war sicher ein sehr humorvoller Mensch. Wenn er aber vom Gericht Gottes redete, dann wurde er ernst. So benannte er als Kriterien, die uns das Reich seines geliebten Vaters eröffnen, ob man Kranke besucht habe, Nackte bekleidet habe, Hungrigen zu Essen gegeben habe. In dieser Reihe äußert er auch: »Ich war fremd und obdachlos, und ihr habt mich aufgenommen.« (Matthäus 25,35)

Jesus hat die Fremden besonders im Blick. Dabei knüpft er an alttestamentliche Tradition an: »Wenn bei dir ein Fremder in eurem Land lebt, sollt ihr ihn nicht unterdrücken.« (Levitikus 19,33) »Der Edomiter soll dir kein Gräuel sein; denn er ist dein Bruder. Der Ägypter soll dir kein Gräuel sein; denn du hast als Fremder in seinem Land gewohnt.«

(Deuteronomium 23,8) Die Erinnerung an ihr eigenes Schicksal und Leben in der Fremde soll die Israeliten öffnen gegenüber den Fremden in den eigenen Reihen. Das hatte aber sicherlich seine Grenzen, denn grundsätzlich garantierte nur die Zugehörigkeit zum eigenen Volk die Sicherheit, die man zum Leben brauchte. Jesus jedoch radikalisiert die Nächstenliebe zum Fremden und verkündet das Reich Gottes, in dem jeder zu Hause ist: »Ihr seid also jetzt nicht mehr Fremde ohne Bürgerrecht, sondern Mitbürger der Heiligen und Hausgenossen Gottes«, formuliert es Paulus im Epheserbrief (2,19). Die radikale Zugehörigkeit zu Gottes Reich relativiert die Zugehörigkeit zu ethnischen oder kulturellen Gruppen. Alle werden zu Hausgenossen.

Der heilige Benedikt (480–547) versuchte das in seinen Klöstern ebenfalls zu verwirklichen. In einer Zeit, in der die Ethnien durch die Völkerwanderung durcheinandergewirbelt wurden, bietet er ein Haus für alle. Der »benediktinische Frieden« (*Pax benedictina*) gilt für Reich- und Armgeborene, Freie und Sklaven (vgl. RB 2,16–20). Von seinem Biografen Papst Gregor I. wissen wir, dass Goten und andere fremde Volksstämme in Benedikts Kloster vertreten waren.

Es ist bemerkenswert, wie häufig Jesus »Ausländer« als Vorbilder hinstellt: Da ist der berühmte barmherzige Samariter (Lukas 10,26–37). Nicht ein Jude ist hier moralisch höher stehend, sondern der Fremde. Von den zehn Aussätzigen, die von Jesus geheilt wurden, kehrt nur einer zurück und zeigt seine Dankbarkeit (Lukas 17,11–19). Und wieder ist es ein Mann aus dem Stamm der Samariter, die nicht zum auserwählten Volk gehörten. Als Jesus dem römischen Hauptmann begegnet, der um die Heilung seiner Knechtes bittet (Matthäus 8,5–13), stellt er voll Erstaunen fest: »Einen solchen Glauben habe ich in Israel noch bei niemandem gefunden.« Unter den verhassten Besatzern, unter den Römern, fand Jesus diesen Menschen.

Der Fremde im eigenen Land, der Fremde in der eigenen Stadt, ja, der Fremde im eigenen Haus ist der Lackmustest für unseren missionarischen Geist. Sind wir in der Lage, uns zu transzendieren und die Andersartigkeit als Gewinn und nicht als Bedrohung zu sehen, nicht, weil »multikulti« so schön ist, sondern weil alle Menschen Kinder Gottes sind? Nach den Erfahrungen von uns Missionsbenediktinern kann das Zusammenleben mehrerer Kulturen unter einem Dach sehr herausfordernd sein, manchmal gelingt es auch gar nicht. Wir sprechen hier nicht von einem »netten« Zustand, sondern vom Ernstfall, den Fremden aufzunehmen wie Christus.

Missionarsein und Fremdsein gehören zusammen. Wer Missionar sein möchte, wer Zeugnis geben möchte, muss eine gewisse Lust auf das Fremde oder die Fremden haben. Die Andersheit muss ihn locken und interessieren. Auf der anderen Seite: Der Missionar ist per se zunächst einmal selbst der Fremde. Er geht in ein fremdes Land oder eine fremde Kultur. Wenn er dem anderen begegnet, befindet er sich auf fremdem Boden. Angewiesen auf die Annahme durch die Einheimischen, wird er demütig nach dem angemessenen Weg suchen, das Evangelium zu verkünden.

Indem Jesus die Fremden als Vorbild hinstellt, segnet er auch alle Missionare und alle, die sich trauen, in fremde Welten hinüberzuschreiten, denn dort sind sie selbst Fremde. Das Fremde und fremd zu sein kann einen besonderen Segen enthalten, wenn man sich mit respektvollem und liebendem Herzen begegnet.

Kulturen lernen voneinander

Ob unser Land Einwanderungsland ist oder nicht: Es ist eine Tatsache, dass Menschen verschiedener Kulturen oft auf engem Raum zusammenleben. Der christliche Glaube kann einen Rahmen bieten, wie Kulturen friedlich voneinander lernen und profitieren. Dafür möchte ich einige Beispiele nennen. Nicht alle stammen aus unseren Breiten, aber gerade der Blick auf andere Länder und die Weltmission kann uns neue Perspektiven eröffnen. Wenn ich also von »Missionaren« spreche, will ich nicht die Aufmerksamkeit auf exotische Länder und Männer oder Frauen mit weißen Gewändern lenken, sondern einladen, diese Geschichten auf unsere heimische Situation anzuwenden. In einer globalisierten Welt scheint mir das ein wesentliches Merkmal von Mission zu sein.

Bereits in den 80er-Jahren fokussierten die Missionsbenediktiner von St. Ottilien ihre Missionsarbeit um das Motto »Interkulturelles Lernen«. Die Einsicht war gereift, dass Mission keine Einbahnstraße sein kann, sondern das hörende Herz zum Missionar dazugehört. So viel er gibt, bekommt er auch zurück. So viel er zuhört, kann er auch geben. Die andere Kultur kennenzulernen ist eine Bereicherung für die eigene Kultur und für das spirituelle Leben. Nach Jahrzehnten eines europäischen Stils benediktinischen Lebens in Ostafrika begann sich ein genuin afrikanisches Benediktinertum zu entwickeln.

Das alte Missionsmodell war sich seiner kulturellen Implikationen nicht immer bewusst. Man brachte nicht nur die Religion, sondern auch eine Kultur. Die Gefahr war nicht nur, dass man Wertvolles aus der Ursprungskultur ausradierte, sondern auch, dass den Leuten in den Missionen mehr an der neuen kulturellen Lebensweise als am Glauben gelegen war. Das Fremde war anziehend, und man versprach sich Vorteile.

In der Begegnung mit der fremden Lebensweise ist auch der Missionar ein Lernender. Ein Mitbruder, der lange als Pfarrer in den nordamerikanischen Indianerreservaten gearbeitet hat, erzählte mir einmal folgende Begebenheit: Er hatte in einem kleinen Ort in North Dacota die Messe gehalten. Gleich nach dem Mittagessen wollte er wieder aufbrechen. Die Indianer aber sagten zu ihm: »Father, sit down and stay with us. You are like a mosquito, you come, eat and take off.« Kein sehr schmeichelhafter Kommentar! Aber einer, der meinen Mitbruder sehr nachdenklich machte. Wie hektisch sind wir doch in unserer eigenen Kultur! Für meinen Mitbruder war es eine Einladung, es langsamer zu versuchen.

Ein anderes Erlebnis erzählte mir mein Heimatpfarrer in Deutschland, der ein gebürtiger Kongolese ist.[15] Er erinnerte sich: »Eine Begebenheit, die zu den schwierigsten Momenten in meiner Tätigkeit zählte, ereignete sich beim Besuch einer schwerkranken Frau. Schon zu Beginn des Gesprächs in ihrer Wohnung sagte die Frau, die selbst den Pfarrer bestellt hatte: ›Ich wollte eigentlich nicht mit einem katholischen Priester sprechen. Es tut mir leid, Herr Pfarrer, weiße katholische Priester sind dumm; sie verstehen gar nichts vom Leben. Sie sind zwar auch katholischer Priester, aber Sie kommen aus einem anderen Kulturkreis.‹ Nach dieser wenig freundlichen Einführung schilderte die Frau ihre Situation: Sie war an Bauchspeicheldrüsenkrebs erkrankt und hatte nach der Operation laut ärztlicher Prognose nur noch vier Wochen zu leben. Aus ihren Erzählungen konnte ich erspüren, wie sehr die Frau unter dem Gedanken, dass sie von Gott bestraft wird, und unter ihrer Vergangenheit mit der Kirche litt. Es schienen so manche Dinge in ihrem Leben unversöhnt geblieben zu sein. Darauf habe ich mich zuerst für das Vertrauen bedankt. Dann habe ich ihr klargemacht, dass ich nicht versprechen kann, dass ich die richtige Antwort auf ihre Situation und ihre Fragen habe. Aber am Ende unseres Gesprächs war die Frau erleichtert und sehr dankbar für meinen Besuch. Meine Worte, sagte sie, hätten ihr Mut und Lebenskraft für die nächsten Tage gegeben.« Diese Begebenheit ist ein weiteres wunderbares Beispiel dafür, wie die Andersheit einer Kultur ganz neue Türen öffnen kann. Die Frau konnte Vertrauen fassen, weil der Priester ein Schwarzer war.

In der Begegnung mit anderen Kulturen braucht man eine spezielle Sensibilität. Firmen, die ihre jungen Mitarbeiter für einige Jahre in andere Kontinente schicken, erwarten von ihnen »interkulturelle Kompetenz«. Dazu zählen Flexibilität, Klarheit und Empathie in der

Kommunikation, Fähigkeit zur Perspektivenübernahme; Lernbereitschaft, Umgang mit Kritik, gezieltes Sammeln von Informationen, Bereitschaft zum Erlernen einer Fremdsprache, Bewusstsein der eigenen kulturellen Prägung, Mediation unterschiedlicher Interessen. All dies sind auch Eigenschaften, die uns nützlich sein können, wenn wir über religiöse Dinge mit den Menschen in Kontakt kommen.

Was das gezielte Sammeln von Informationen angeht, so ist für mich Wikipedia ein exzellentes Instrument für interkulturelles Lernen geworden. Ich schlage zum Beispiel einen Begriff im Deutschen nach und dann im Englischen. Man glaubt nicht, welche Unterschiede in der Definition ein und derselben Sache auszumachen sind! Das beginnt schon bei der Länge der Artikel. Zum Thema »Werbung« zum Beispiel finden sie im deutschen Artikel viele Seiten, die vor allem von den Gefahren der Werbung sprechen. Die englische Seite ist viel kürzer; in den USA gehört Werbung zum täglichen Leben und wird überhaupt nicht problematisch gesehen. Je mehr Sprachen man beherrscht, desto schneller kann man hier gut fündig werden. Es macht Spaß, andere Kulturen zu entdecken.

Die Begegnung und das konkrete Zusammenleben mit anderen Kulturen sind allerdings keineswegs immer konfliktfrei. Lernen aber geschieht ja gerade über Konflikte. Wenn man kulturelle Unterschiede mit Humor nehmen kann, ist schon der erste Schritt getan. »Missionare sind Brückenbauer zwischen den Kulturen«, sagt die Ordensfrau und Missionarin Julia Prinz. Aus der Erfahrung ihrer Gemeinschaft gibt sie dafür ein weiteres Beispiel. Die Verbum-Dei-Schwestern, die in San Francisco eines ihrer Ausbildungshäuser haben, stammen aus den verschiedensten Ländern und Kontinenten. Dort leben, beten, arbeiten und essen sie miteinander. »Eine Spanierin, eine Deutsche, eine Mexikanerin und eine Singapur-Chinesin sitzen beim Essen zusammen und brauchen etwas vom Nebentisch. Die Spanierin steht auf, nimmt sich, was sie braucht, ohne ein Wort zu sagen, und geht damit zu ihrem

Tisch zurück. Die Deutsche steht auf, fragt freundlich: ›Braucht ihr das Salz?‹, und sobald sie ›Nein‹ gehört hat, nimmt sie das Salz und setzt sich wieder. Die Mexikanerin steht auf und fragt am Nebentisch: ›Braucht ihr den Pfeffer?‹, und erwartet, dass verstanden wird, dass sie den Pfeffer haben will. Nach einer Weile des Gesprächs nimmt sie den Pfeffer und setzt sich. Die Singapur-Chinesin hingegen steht auf, stellt sich zum Nebentisch, still, fokussiert den Ketchup und zeigt nonverbal ihr Interesse, den Ketchup zu nehmen. Solange sie aber nicht gefragt wird, kann sie den Ketchup nicht nehmen und sich auch nicht setzen. Jede von den Schwestern denkt, dass ihr Verhalten normativ ist, die anderen aber mögen es arrogant, schwierig oder frustrierend finden – je nach kulturellem Hintergrund.«[16]

Schließlich noch ein Erlebnis, das mir selbst geschenkt war und das »kulturelle Unterschiede« innerhalb Deutschlands zur Sprache bringt: Ich war auf der Suche nach einem Ort in den neuen Bundesländern, an dem man eventuell ein Kloster gründen könnte. Schließlich hatten wir ein wunderbares Örtchen auf einer Insel in der Ostsee gefunden. In dem Ort waren wahrscheinlich wie in der ganzen Gegend neunzig Prozent der Menschen nicht getauft. Viele von ihnen hatten sicher auch noch ihre Sympathien für das frühere System. Wie es der Zufall wollte, kam ich gerade an einem Tag dort an, an dem ein Dorffest stattfand. Ich war im Habit unterwegs und überlegte kurz, ob ich ihn nicht lieber ausziehen sollte. Ich würde hier damit aussehen, als käme ich von einem anderen Stern, war meine Befürchtung. Aber ich hörte im Gebet, ich solle das Ordensgewand ruhig anlassen.

Auf dem Hof, wo das Fest stattfand, traf ich an einem Seitentisch eine befreundete Familie, mit der ich mich angeregt unterhielt. Die Blicke der anderen wanderten immer wieder zu mir herüber. Was ist das für ein eigenartiger Mensch hier in seiner schwarzen Kutte, was will der hier?, las ich daraus. Weil ich mich auch mit einer jungen Frau unterhielt, fühlte sich auf einmal ein großer bärtiger Insulaner dazu berufen, nach dem Rechten zu sehen. Er kam auf mich zu und fragte, wer ich sei. Ich stellte mich vor. »Ja, man weiß ja nie ...«, sagte er, etwas entschuldigend. Recht hatte er, den Pfarren ist ja heute auch nicht mehr zu trauen. So entspann sich ein gutes Gespräch. Schließlich bat er mich, doch an den anderen Tisch herüberzukommen, wo die Großzahl der Insulaner beieinandersaß. Alle waren sehr freundlich und boten mir eine Bratwurst an. Nach der Bratwurst kam das Bier. Nach dem Bier der Schnaps. Und ein zweiter Schnaps. Und so weiter. Und dabei tauschten wir uns lebhaft aus – über Gott und die Welt. Es war einer meines beglückendsten missionarischen Erlebnisse. Zwar ist aus der Klostergründung nichts geworden, aber diese Begegnung werde ich nie vergessen. Hier stießen total unterschiedliche Kulturen aufeinander: katholisch – atheistisch, Wahlbayer – Insulaner, Fischer – Mönch. Gerade weil wir uns so fremd waren, zogen wir uns an – nachdem einmal die Furcht überwunden war ...

Kritik an den Kulturen

Der christliche Glaube möchte sich inkulturieren. Denn Gott hat alle Menschen geschaffen, und er liebt ihre jeweiligen Lebenszusammenhänge. Doch diese sind nicht immer nur gut. Jede Kultur hat auch ihre Schwachpunkte, die für ein gelungenes Menschsein schädlich sind. Auch hier hat der Glaube etwas zu geben: Er darf konstruktive Kritik an Kulturen üben.

Das Zweite Vatikanische Konzil hat den großen Paradigmenwechsel vollzogen, dass Mission immer auch Inkulturation bedeutet.[17] Aufgrund negativer Erfahrungen von missionarischem Imperialismus ist die Kirche demütig geworden und hat ihren Missionaren mit auf den Weg gegeben: Verkündige das Evangelium, nicht deine eigene Kultur! Zwinge dem anderen nicht deine Kultur auf unter dem Vorwand, Christus zu verkünden. Denn Christus hat den anderen immer in seiner Eigenheit respektiert und akzeptiert.

Dieser Wechsel in der Auffassung von Mission hat interessanterweise dazu geführt, dass die Missionare oft besser informiert sind über einheimische Kulturen als die dort geborenen Menschen selbst. Was einem am nächsten ist, ist einem paradoxerweise oft gar nicht so bekannt. Es gibt unzählige Beispiele dafür. Für mich ist eindrücklich, wie Pater Severin, seit Jahrzehnten einer unserer Missionare in Tansania, die einheimische Bevölkerung an ihre eigenen Kulturen erinnert und ihr hilft, ihre Bedeutung aufzuschließen. Er kann das tun, weil er sich selbst intensiv damit beschäftigt hat, angefangen von der einheimischen Sprache. Indem er nachfragt und studiert, hilft er, die Kulturen vor Ort zu bewahren. Diese Art von Mission ist weit von dem Vorwurf entfernt, imperialistisch zu sein. Das Gegenteil ist der Fall: Sie versucht, den Menschen zu sich selbst zu verhelfen.

Inzwischen hat sich noch eine weitere Veränderung ergeben: Vor allem westliche Kulturen sind weitenteils säkularisiert, Religion ist verdampft. Unser Problem mit der Neuevangelisierung ist, dass wir mit dem Paradigma der Inkulturation hier nicht mehr weiterkommen. *Wo hinein sollen wir das Christentum denn inkulturieren, wenn gar keine Kultur mehr da ist, oder nur noch eine sehr flache oder gar eine Unkultur, die dem Menschen mehr schadet als nützt?* Sollen wir uns der Unkultur des Fastfoods anpassen, wenn wir von Eucharistie, dem Abendmahl, erzählen? Kann nicht eher eine Kultur des Mahles, wie wir sie zelebrieren, dazu helfen, auch dem alltäglichen gemeinsamen Essen mehr Sinn und Form zu verleihen? Sollen wir uns einer Gesellschaft anpassen, die fast alle Tabus aufgegeben hat? Sollen wir nicht eher den Respekt vor Gott weitergeben, der unantastbar ist, damit auch die menschliche Würde weiterhin unantastbar und geschützt bleibt?

Wenn Teile der Kirche auf »Entweltlichung« setzen, wie sie Papst Benedikt XVI. in seiner Freiburger Rede angesprochen hat, sollte das nicht dazu führen, dass sich die Kirchen nicht mehr einmischen und in eine »heilige« Nische zurückziehen, sondern im Gegenteil: Ausgehend von Jesu Wort, dass wir in dieser Welt sind, aber nicht »von dieser Welt« (vgl. Johannes 8,23; 17,16), sollten wir uns den inneren Abstand zu unserer eigenen Kultur bewahren, um mitzuhelfen, dass sie menschlicher wird. In diesem Sinn darf christliche Kultur provozierende Gegenkultur sein.

Der christliche Glaube hat eine kulturkritische Potenz. Weil er sich aus der Transzendenz speist, kann er jede Kultur transzendieren. Ich erlebe das in meinem jetzigen Heimatort Schuyler, Nebraska, im Mittleren Westen der USA. In der kleinen Stadt begegnen sich katholische Einwanderer aus Mexiko und ursprünglich deutsch- oder tschechischstämmige Anglo-Amerikaner, ebenfalls Katholiken, in ein und derselben Gemeinde. Was ist nun katholischer? Amerikanisch-katholisch oder hispanisch-katholisch? Die Mentalitätsunterschiede sind groß. So sind auch die Unterschiede in der Frömmigkeit. Während viele Anglo-Amerikaner treu eine Menge Geld für ihre Gemeinde spenden, senden viele Hispanics was sie übrig haben zu ihren Verwandten nach Mittel- und Südamerika. Sie nutzen aber gerne die Einrichtungen der Gemeinde.

Beide Seiten sind zu verstehen, Konflikte natürlich nicht zu vermeiden. Während der Gottesdienstbesuch der Anglo-Amerikaner eher abnimmt (allerdings im Vergleich zu Deutschland immer noch auf sehr hohem Niveau ist), sieht man die hispanischen Mitchristen oft beten, und zwar sehr ausdrucksstark. Sie verbringen manchmal Stunden ihrer freien Zeit vor dem Allerheiligsten. Wer hat hier recht, oder wer ist besser?

Christliche Kultur hilft uns, unsere eigenen Kulturen zu transzendieren. Schade, dass das nicht überall gelingt. In manchen Ländern vor allem Afrikas bekriegen sich verschiedene Stämme, obwohl sie eigentlich durch den gleichen Glauben verbunden sind. Christus ist doch aber derselbe, auf der einen wie auf der anderen Seite. »Es gibt nicht mehr

Juden und Griechen, nicht Sklaven und Freie, nicht Mann und Frau; denn ihr alle seid einer in Christus Jesus.« (Galaterbrief 3,28)

Die Kirche hat schon immer die Gelassenheit gehabt, verschiedene kulturelle Herkünfte nicht notwendigerweise zusammenzuzwingen. So existieren überall auf der Welt Gemeinden, die sich nach der jeweiligen Sprache ihrer Herkunftsländer zusammenfinden, zum Beispiel italienische in Stuttgart oder polnische in Hannover und so weiter. Auf der anderen Seite bedeutet die missionarische Dimension der Kirche, sich nicht voneinander abzukapseln, sondern zumindest im Gespräch zu bleiben.

Jede Kultur, falls es sich wirklich um eine Kultur handelt, hat Vorteile und Nachteile, gute und problematische Seiten. »Prüft alles und behaltet das Gute«, rät der Missionar Paulus (1 Thessalonicher 5,21). »Alles sehen, viel übersehen, wenig korrigieren«, empfiehlt Papst Gregor I. (ca. 540–604).[18] Christlicher Glaube kann helfen, die Kulturen »zu reinigen«, das Positive zum Vorschein zu bringen und das Negative kritisch zu hinterfragen.

Paulus hat auf seinen Missionsreisen erlebt, dass sich das »Kreuz« als zentrales Zeichen der Erlösung für Christen nicht von Kulturen vereinnahmen lässt: »Wir dagegen verkündigen Christus als den Gekreuzigten: für Juden ein empörendes Ärgernis, für Heiden eine Torheit.« (1 Korinther 1,23) Das Kreuz durchkreuzt im wahrsten Sinn des Wortes, was die Menschen als Gebräuche zum Glücklichwerden eingeübt haben. So enthält das Christentum im Kern bereits eine Gegenkultur.

Der heilige Benedikt ist in dieser Hinsicht in seiner Regel sehr klar. Da sich unter dem Dach seines Klosters Menschen unterschiedlichster ethnischer und kultureller Herkunft befinden, Italier und Gothen zum Beispiel, die sich außerhalb des Klosters »nicht grün« waren, oder auch ehemalige Sklaven und Freigeborene, schärft er dem Abt ein: »Der Abt liebe den einen nicht mehr als den anderen, außer er fände einen, der sich auszeichne in einem guten Verhalten und Gehorsam. Wer frei geboren ist, darf nicht über den gestellt werden, der aus dem Sklavenstand ins Kloster tritt, wenn dafür nicht ein anderer, vernünftiger Grund besteht.« (RB 2,17–18)

Wie man in vorgefundene Kulturen mehr Menschlichkeit bringen kann, berichtet der langjähriger Tansania-Missionar Doktor Ansgar Stüfe OSB[19]: »Umgang mit Leid ist in jeder Kultur verschieden. In Afrika werden Leiderfahrung oft magisch erklärt. Durch das Fehlverhalten Einzelner wurden die Ahnen erzürnt und das Leid durch ihren Zorn ausgelöst. Das ist eine der Erklärungen, deren Muster in Variationen fast in allen Ländern der Subsahara Afrikas vorkommt. Eines unserer Ärzteehepaare verlor sein zweites Kind im Alter von vier Monaten. Die Ursache war unklar. Wahrscheinlich handelte es sich um eine angeborene Herzstörung. Am Tag vor dem Tod war eine ledige Frau zu Besuch gewesen. Die Leute sagten nun, dass diese Frau aus Neid den Tod des Kindes verursacht habe. Als Reaktion lud der Arzt alle Angestellten, Bekannten und Freunde sechs Wochen nach dem Tod des Kindes zu sich zu einem Hausgottesdienst. Der befreundete Rektor des Priesterseminars feierte die Messe. Es kamen unglaublich viele. Manche hatte ich noch nie in einem Gottesdienst gesehen. Nach dem Evangelium stand der Arzt auf und gab eine persönliche Erklärung ab. Er sagte, dass viel Leid über seine Familie gekommen sei. Niemand sei aber daran schuld. Als Christen glaubten sie an die Auferstehung und auch dass ihre beiden Kinder jetzt Fürsprecher für ihre Familien seien.

Bei seiner Ansprache hätte man eine Stecknadel fallen hören, so still war es. Für mich war dies das tiefste missionarische Erlebnis überhaupt. Es hat auch meinen Glauben verändert. Eine reale Lebenssituation wurde durch den Glauben bewältigt und gleichzeitig anderen zum Zeugnis. Es ging unserem Arzt natürlich überhaupt nicht darum, pathetisch Zeugnis abzulegen, sondern er wollte sich vom magischen Denken befreien. Seine Frau hatte damit größere Probleme. Aber auch ihr gelang es letztlich, sich zu befreien.«

Bruder Ansgar erzählt noch ein weiteres Beispiel, in dem der Glauben die Kultur infrage stellt: »Eines Tages wurde eine Frau im Krankenhaus aufgenommen. Sie hatte Hautabschürfungen und Blutergüsse und Atemprobleme. Der Grund der Verletzungen waren Schläge ihres Ehemanns gewesen. Ich veranlasste eine Röntgenaufnahme der Lunge und sah Flecken auf beiden Lungenflügeln. Einen Tag später starb die Frau durch Lungenversagen. Da Gewalt als Ursache vorlag, mussten wir eine Obduktion vornehmen. In der Lunge sahen wir, dass das Gewebe überall verletzt war und es zu diffusen Blutungen gekommen war. Diese Blutungen haben das Lungenversagen ausgelöst. Später erfuhr ich, dass der Ehemann auf die liegende Frau getreten war und so die inneren Verletzungen verursacht hatte.

Dieser Vorfall hat mich in große Abscheu vor der afrikanischen Kultur gebracht. Gewalt an Frauen ist nämlich an der Tagesordnung, wenn auch nicht so schwer wie in diesem Fall. Ich habe mich damals gefragt, ob diese Kultur nicht völlig pathologisch ist. Es dauerte eine Weile, bis ich Abstand gewinnen konnte. Aber bis heute erfüllt mich Gewalt an Frauen und Kindern mit Abscheu. Durch die Missbrauchsaffäre in unserem eigenen Land hat sich das allerdings relativiert. Alle Kulturen haben ihre dunklen Seiten. Ich habe nach wie vor keine Antwort auf solche erschütternden Vorfälle. Ich denke, dass nur durch die Gegenkraft des gelebten Glaubens das Böse zumindest eingedämmt werden kann. Ich habe inzwischen die Illusion begraben, dass das Böse bewältigt werden kann. Aber es kann eingedämmt werden.«

Es ist schwierig, als einer, der von außen kommt, eine Kultur zu kritisieren. Man könnte uns vorwerfen: Was verstehst du schon, du bist nicht einer von uns. Zwar sieht man klarer Gutes und Schlechtes, aber letztlich muss die Verwandlung der Kultur von innen heraus geschehen.

Unsere Aufgabe als Missionare ist es dabei, was wir erleben, auch einmal infrage zu stellen. Und eine gute Alternative anzubieten. Mehr können wir nicht tun. Das aber ist schon viel. Und es verlangt, dass wir uns zeigen, so wie wir sind, und mit dem, was wir glauben.

Heimatlosigkeit und Unbehaustheit

»Das Missionarische lebt davon, dass man fremd bleibt«, sagt die langjährige Missionsordensschwester Julia Prinz. Wer sich fremden Ländern oder fremden Kulturen im eigenen Land aussetzt, tritt aus dem Vertrauten heraus. Er ist dann nicht mehr zu Hause.

Jesus weiß davon zu berichten: »Die Füchse haben ihre Höhlen, die Vögel ihre Nester – der Menschensohn hat nichts, wohin er sein Haupt legen könnte.« (Lukas 9,58) Tatsächlich sehen wir Jesus in den Jahren seines Predigens und Heilens von einem Dorf zum anderen ziehen, von einem Landstrich zum anderen. Das ist das Vorbild für Missionare und alle Menschen, die sich trauen, mit ihren Überzeugungen anderen Menschen zu begegnen. Wenn ich aus mir herausgehe, dann muss ich meine Heimat verlassen. Das kann im Großen gemeint sein, also mein Land, meine Kultur, meine Muttersprache. Oder im Kleinen: meine Gewohnheiten, meine Sicherheiten, meine Bräuche. Als Missionar bin ich ausgesetzt, in ähnlicher Weise wie Jesus sich gegenüber Randgruppen und Fremden ausgesetzt hat.

Das ist manchmal gar nicht einfach. Es kann sogar mit einem gewissen Leiden verbunden sein. Ich selbst bin mit ziemlich fliegenden Fahnen zur Mission in die USA aufgebrochen. Ich hätte nicht gedacht, wie stark mich die Sehnsucht nach der Heimat einholen würde. Ich erlebte, was die interkulturelle Kommunikation als »Kulturschock« bezeichnet. Es sind lächerliche Kleinigkeiten, die einen zunächst befremden. Ich stehe zum Beispiel im Walmart an der Kasse, krame in meiner Geldbörse und kann auf die Schnelle die Münzen nicht identifizieren, die ich zum Zahlen brauche. Der Arzt fragt mich, wie groß und wie schwer ich bin, ich kann ihm darauf aber nicht antworten (in Feet, Inches und Pounds). Als ich in Irland zur Sprachschule war, blieb ich einmal als Fußgänger an einer Ampel ordnungsgemäß stehen. Da riefen mir Kinder zu: »You aren't from here?« Wahrscheinlich hielt sich an der Stelle niemand an die Regeln. Obwohl ich europäisch aussehe, wurde ich gleich als Fremder identifiziert. Wie schwierig muss es erst sein, wenn man auch noch fremdländisch aussieht! Unsere afrikanischen Missionare erzählen immer wieder, dass man sich als Europäer eben nicht verstecken kann unter den Afrikanern. Das weiße Gesicht fällt sofort auf unter den schwarzen Gesichtern. Denken wir einmal daran, wie es umgekehrt Menschen in unseren Breiten geht, die sich äußerlich oder im Verhalten von den meisten unserer Landsleute unterscheiden.

Auch wenn man sich langsam an das neue Land und die neuen Leute gewöhnt, bleibt immer eine gewisse Heimatlosigkeit. Man gehört nie ganz dazu. Besonders spannend finde ich das bei unseren alten Missionaren zu beobachten: Wenn sie nach fünfzig oder mehr Jahren aus Afrika zurückkommen, fühlen sie sich in Deutschland nicht mehr zu Hause, so sehr hat sich ihre Heimat verändert. Im Missionsland sind sie aber auch Fremde. Sie haben irgendwie gar keine Heimat mehr auf dieser Erde.

Die irischen Mönchsmissionare des 5. und 6. Jahrhunderts haben dafür den Begriff des »Weißen Martyriums« geprägt. Weiß im Gegensatz zum »Roten Martyrium«, weil man als Missionar nicht notwendigerweise sein Blut vergießt. Das klingt drastisch. Allerdings ist etwas daran. Als Missionar bringt man das Opfer, auf seine Heimat zu verzichten. Das tut weh. Aber es beflügelt auch. Die Produktivität, die Freude und die Fruchtbarkeit der Missionare liegen gerade in diesem Verzicht begründet. Weil sie nicht von dort stammen, wo sie leben, sind sie besonders darauf angewiesen, Kontakte zu knüpfen, Land, Leute und Sprache kennenzulernen. Sie entwickeln eine besondere

Energie. Oft kennen die Missionare mit der Zeit ihr »Missionsgebiet« besser als die Einheimischen.

Die Heimatlosigkeit stachelt sie aber nicht nur dazu an, die Menschen und Gebräuche kennenzulernen und teilweise anzunehmen, sondern ihre Wurzeln besonders in Gott zu schlagen. »Unsere Heimat ist im Himmel«, sagt der heilige Paulus im Brief an die Philipper (3,20). Die Missionare haben keine andere Heimat, so wie Jesus. Das wird ihnen besonders in einsamen Stunden deutlich. Sie haben aber nicht ihre Heimat verlassen, weil es zu Hause so furchtbar ist, sondern weil sie jemand gesandt hat, der ihnen zur tieferen Heimat geworden ist.

Wir sollten uns dieser Unbehaustheit beim Bezeugen des Glaubens bewusst aussetzen. Wir sollten also ohne Vorratstasche und ohne Sandalen unterwegs sein, vertrauend, dass wir schon jemanden finden, der uns zu essen gibt: »Esst und trinkt, was man euch anbietet; denn wer arbeitet, hat ein Recht auf seinen Lohn.« (Lukas 10,7)

Wenn wir unbehaust kommen und dem Fremden begegnen, dann sind beide fremd. Das öffnet Türen, um sich kennenzulernen und zu vertrauen.

Tipps für unterwegs I

Was soll ich sagen?

Wenn wir an mögliche Themen denken, die in Gesprächen über Glaube und Religion vorkommen, dann mag man sich schon Sorgen machen, ob einem immer zur richtigen Zeit das Richtige einfällt. Besonders dann, wenn man sich in der Sache nicht besonders gut auskennt. Oder auch dann, wenn man selbst noch keine ganz klare Meinung hat.

Ich gebe schon seit vielen Jahren Kurse unter dem Titel »Wenn ich nach meinem Glauben gefragt werde ...« (im amerikanischen Kontext: »New Evangelization: Task and Joy«). Darin gibt es eine Übung, die mich immer wieder aufs Neue verblüfft und berührt. Sie ist gestaltet nach einem Interviewfragespiel, dass das ZDF einmal entwickelt hat: Die Reporter geben einen Halbsatz vor, und der prominente Politiker muss spontan den Satz vollenden. Natürlich versuchen die Interviewer dabei, dem Politiker seine wahren Gedanken zu entlocken.

Für unseren Zusammenhang sieht die Übung so aus: Zunächst hat jeder Teilnehmer Zeit, sich Halbsätze auszudenken, die sich auf Religion, Glaube, Lebenssinn, Kirche oder Ähnliches beziehen und die ein anderer ergänzen könnte, zum Beispiel: »Das Leben nach dem Tod stelle ich mir vor wie ...«, »Wenn ich Papst wäre, würde ich ...«, »Beichte ist für mich ...«, »Mein Lieblingsgebet ist ...« und so weiter.

Wir stellen dann zwei Stühle in die Mitte des Raumes, und ich bitte zwei Freiwillige, sich daraufzusetzen. Der Erste nun liest seine Halbsätze vor, der Zweite muss spontan, ohne groß nachzudenken, die Sätze vollenden. Danach gibt es einen Rollenwechsel.

Und hier kommt die für alle überraschende Erfahrung: Obwohl immer ein wenig »Zittern« dabei ist – man ist im wahrsten Sinn »ausgesetzt« in dieser Situation, sehr persönliche Dinge werden in der Öffentlichkeit angesprochen –, hat es noch *nie* jemanden gegeben, der nicht spontan in guter, freundlicher, vernünftiger und erhellender Weise Antwort geben konnte. Das ist für alle erstaunlich. Kein Thema war zu intim, keines zu theologisch, zu politisch, als dass nicht jedem eine befriedigende Antwort eingefallen wäre. Viele Teilnehmer hatten sich die über die angesprochenen Themen unter Umständen noch nie vorher Gedanken gemacht, trotzdem konnten sie antworten. Ich habe nur eine Erklärung für diesen Befund: Jesu Versprechen, »sorgt euch nicht, wie und was ihr sagen sollt, denn es wird euch zu jener Zeit eingegeben« (Matthäus 10,19).

Natürlich muss man sagen, dass in den Kursen eine Atmosphäre der gegenseitigen Achtung und des Interesses aneinander besteht. Das mag am Arbeitsplatz, auf der Straße, in der Nachbarschaft, wo immer wir angesprochen werden, nicht unbedingt der Fall sein. Wir dürfen dennoch darauf vertrauen, dass der Heilige Geist in diesem Moment wirkt. Wenn wir denn in die Begegnung gehen mit der Gesinnung, dass Gott uns zutraut, etwas zu sagen, und der andere Mensch es wert ist, eine gute und ehrliche Antwort zu bekommen. Jesus hat dieses Versprechen übrigens im Blick auf Verfolgungssituationen gegeben: Christen, die angeklagt sind und vor Gericht stehen, sollten sich keine Sorgen über ihre Verteidigung machen. Diese Situation bleibt den meisten von uns sicherlich und hoffentlich erspart, und die kleinen Zeugnissituationen unseres Alltags sind nicht annähernd so dramatisch oder gefährlich. Dennoch, eine gewisse Bangigkeit ist dabei, und die will uns Jesus nehmen.

Eine besondere Einsicht dieser Übung ist auch, dass eine Frage nach dem Glauben eine große Bereicherung für den eigenen Glauben sein kann. »Glaubst du wirklich an ein Leben nach dem Tod?« Ich muss Stellung beziehen. Vielleicht bin ich mir noch nie ganz darüber im Klaren gewesen. Indem ich eine Antwort nicht vermeide, sondern mich der Frage stelle, kommt erst zum Vorschein, was *ich* eigentlich glaube. Es ist ein Jammer, dass wir so selten nach unserem Glauben gefragt werden. Deshalb dürfen wir auch durchaus proaktiv andere einmal danach fragen; es ist ein Geschenk für sie, wenn wir es respektvoll und freundlich tun. Es ist ein Geschenk für beide, die Fragenden wie den Gefragten, das erleben die Teilnehmer der Kurse immer wieder.

In der kleinen Übung wird quasi wie im Labor deutlich, worauf es beim Zeugnisgeben ankommt. Die Antworten haben zwei Ansprüchen zu genügen. Zum einen müssen sie authentisch sein. Es hat keinen Sinn, nur den Katechismus zu zitieren. Ich muss zumindest noch hinzufügen: »Das habe ich auch schon erfahren. Das ist für mich persönlich sehr wichtig geworden« oder »Damit tue ich mich eher schwer«. Zum anderen muss die Antwort an dem Fragenden orientiert sein. Jeder fragt anders, jeder kann auch nur Bestimmtes als Antwort aufnehmen. Es geht nicht darum, eine Antwort zu geben, die dem anderen genau passt, vielleicht ja gerade das Gegenteil. Es geht aber darum, tiefer zu fühlen und zu hören, was der andere eigentlich will.

Ein Beispiel: Eine ältere Frau sagt mir, Gott sei doch bestimmt ein barmherziger Richter. Was ich *höre*, ist: Sie fürchtet sich ein bisschen. Sie möchte mit Gott in Harmonie sein, wenn sie einmal aus dieser Welt scheidet. Und sie fühlt sich auch im Großen und Ganzen in dieser Harmonie. Ich könnte antworten: »Ja, Gott ist barmherzig. Er ist aber auch der Richter.« Das wäre im Sinne der christlichen Lehre korrekt, aber würde es ihr wirklich auch helfen? In meiner Antwort lege ich eher den Akzent so, dass die Frau Mut schöpft, denn das will sie eigentlich. Und dass ihr Kontakt zu Gott gestärkt wird. »O ja, Gott ist gut und barmherzig. Er sieht alles Gute, dass du getan hast. Und das Böse will er uns vergeben.«

Es sind ja nicht nur die Worte, die im Bekenntnis wichtig sind, es ist der Ton, der die Musik macht, es ist die Atmosphäre der Wertschätzung und Freundlichkeit. Eine der größten Versuchungen ist es, wenn wir über den Glauben ins Gespräch kommen, dass wir glauben, uns rechtfertigen zu müssen. Wir haben sehr persönliche Erfahrungen gemacht, wir wollen sie ernst und angenommen wissen. Wenn sie aber nicht angenommen oder respektiert werden, dann verfallen wir schnell in eine Verteidigungshaltung. Wir werden aggressiv, ungeduldig, nehmen den anderen nicht mehr wahr. Jesus lädt uns ein, ganz gelassen zu sein: Der Heilige Geist regelt das schon. Kein Grund, sich zu verteidigen oder zu rechtfertigen!

Die Art und Weise, wie die ersten Christen über ihren Glauben redeten, hat Lukas mit dem Begriff »Freimut« (griechisch: »*parrhäsia*«) beschrieben. Eine innere Freiheit und Gelassenheit waren aus ihren Worten zu spüren. Eine Souveränität, die nicht aus ihnen selbst stammen konnte. »Als die Menschen den Freimut des Petrus und des Johannes sahen und merkten, dass es ungelehrte und einfache Leute waren, wunderten sie sich.« (Apostelgeschichte 4,13) Wir sind eingeladen, uns ganz dem Heiligen Geist in Situation des Zeugnisgebens zu überlassen. Er wird uns nicht nur die richtigen Worte, sondern auch den richtigen Ton wählen lassen.

Ich habe eine Geschichte

Abgesehen von der spontanen Weise, unseren Glauben zu zeigen, tragen wir alle einen Schatz in uns, auf den wir jederzeit zurückgreifen können: Es sind unsere Geschichten. Jeder von uns, egal wie alt – doch je älter, desto mehr –, hatte Erlebnisse, in denen er Spuren des Göttlichen erfahren durfte, in denen er Gott oder Christus erlebt hat. In evangelikalen Kirchen spielt das Erzählen der eigenen »Bekehrungsgeschichte« oder

»Berufungsgeschichte« eine wichtige Rolle. Sicherlich gibt es da auch Übertreibungen, denn wir brauchen keinen Bekenntnisstress und keine Zeugnishochleistung. Die Geschichten sollten auf natürliche Weise aus uns zum Vorschein kommen können. Es kann nicht darum gehen, mit meiner Beziehung oder meinem Erleben mit Gott zu prahlen und vor anderen anzugeben. Auch jede Art von religiösem Exhibitionismus sollten wir vermeiden, bei dem man zu viel und zu intim von sich selbst und Gott erzählt. Wie in jeder Liebesbeziehung braucht die Beziehung zu Gott ihre Geheimnisse, die niemanden etwas angehen.

Mein Eindruck ist dennoch, dass wir im Allgemeinen zu wenig von unseren Lebens- und Glaubensgeschichten erzählen. Geschichten, in denen Gott in unserem Leben vorkommt, sind immer aufregend und anregend für die Zuhörer. Wenn wir sie bescheiden vortragen und dabei in gutem Kontakt mit Gott und uns selbst sind, können andere Hoffnung schöpfen. Eine Geschichte hat den Vorteil, dass der Zuhörer sich mit ihr identifizieren kann, wenn und wie er will. Er bleibt völlig frei. Wenn ich hingegen Thesen aufstelle, so reizen diese eher zum Widerspruch. Geschichten lassen alle Freiheit, die eine Grundvoraussetzung für gutes Missionieren ist. Sie bewerten nicht. Sie schützen mich auch, denn was kann man schon dagegen sagen, wenn ich es selbst so erfahren habe?

Mein Bruder hat mir einmal erzählt, wie beim Wandern in den Bergen an einem sehr heißen Tag sein Wasservorrat aufgebraucht war und er schon fast in Panik geriet. Da tat sich auf einmal vor ihm ein Bach auf, aus dem er Wasser schöpfen konnte. Es fiel ihm sofort der Psalmvers ein: »Er trinkt aus dem Bach am Weg; so kann er von neuem das Haupt erheben.« (Psalm 110,7) Mein Bruder hat dieses Erlebnis so eindringlich erzählt, dass ich bis heute daran denken muss, wenn ich diesen Psalmvers bete. Und es animiert mich jedes Mal neu, Gott zu vertrauen. Mit unseren Geschichten können wir uns nur spirituell bereichern. Es muss ja nicht eine außergewöhnliche Gotteserscheinung oder Bekehrung oder irgendetwas ganz Großes sein. Die kleinen Geschichten sind bereits aufbauend: ein überraschendes Erlebnis der Synchronizität im Alltag, ein Berührtwerden von der Natur, eine Begegnung, die mich froh und dankbar macht, ein Moment des Trostes bei einer Beerdigung, ein Gefühl des Vertrauens, als ich vor einer Marienstatue stand.

Was hat meine religiösen Gefühle schon einmal angesprochen? Welcher Text aus der Bibel ist mir wichtig oder hat sich für mich schon einmal realisiert? Wie hat der Glaube mein Leben verändert? Wie ist meine Geschichte mit Gott? Was verbindet mich mit der Kirche? Warum bin ich Christ geworden? Warum lebe ich immer noch als Christ? Wenn Ihnen zu diesen Fragen Geschichten einfallen, erzählen Sie sie!

Geschichten zu erzählen stellt uns ganz in die Tradition. Denn die Bibel ist voll davon. Hier wird erzählt, was die Menschen mit ihrem Gott erlebt haben: wie sie gefangen waren und er sie befreit hat; wie sie Hunger hatten und er ihnen zu essen gab, obwohl das in der Wüste kaum zu erwarten gewesen war. Die Evangelien selbst erzählen. Wir hören von Jesus, was er mit Gott und den Menschen erlebt hat. Und jeder der Evangelisten erzählt anders – auf seine Weise, für seine Zuhörer, doch immer von ein und demselben Jesus. Das Leben Gottes und der Menschen ist so miteinander verwoben, dass wir es im Grunde nur durch ein Narrativ, durch einen fortlaufend erzählenden Text annährungsweise wiedergeben können. Solche Geschichten stecken an. Höre ich die Glaubensgeschichte eines Menschen, dann werde ich ermutigt, auch meine Geschichte zu erzählen. Keine Geschichte ist gleich. Aber weil es meine ist, ist sie authentisch und interessant. Sie muss nicht spektakulär sein. Die Tatsache, dass sich Gott in mein Leben einmischt, ist spektakulär genug. Wie er es tut, ist ganz seine Sache.

Auch in moralischen Fragen, die wahrscheinlich momentan zu den schwierigsten im religiösen Bereich zählen, ist das Erzählen von Geschichten eine der besten Weisen der Weitergabe des Glaubens. Wir sprechen in der Moraltheologie von »narrativer Ethik«. Erzähle, welche Erfahrungen du gemacht hast, als du dich von christlicher Moral hast leiten lassen: im Berufsleben, in der Ehe, in Schwellensituation. Das ist besser, als moralische Normen einfach in den Raum zu stellen, selbst wenn sie für dich klar und unumstritten sind.

In allen Sprachen

Um den anderen zu verstehen, muss ich seine Sprache verstehen können. Das gilt für unterschiedliche Sprachen wie Deutsch, Englisch, Suaheli und so weiter genauso wie für verschiedene Sprachcodes innerhalb ein und derselben Sprache.

Paulus ist deshalb ein so effektiver Missionar gewesen, weil er neben Griechisch, seiner Muttersprache, auch Latein, die Verkehrssprache der damaligen Zeit, Hebräisch, die Sprache der Theologen, und wahrscheinlich auch Aramäisch, die Muttersprache Jesu und seiner Jünger, beherrschte.[20] Sprache ist Träger von Kultur. In Sprache verdichtet sich die Geschichte einer Kultur. Das wird jeder bestätigen können, der schon einmal eine fremde Sprache gelernt hat. Man lernt nicht nur Grammatik und Vokabeln, sondern auch andere Länder und andere Sitten kennen. Das funktioniert sogar umgekehrt: Indem man eine andere Kultur kennenlernt, lernt man ihre Sprache.

Sprachen sind nach christlicher Auffassung Ausdruck des Heiligen Geistes. Sprachen sind da, um verstanden zu werden. Der Heilige Geist ist das Verständnis zwischen dem Vater und dem Sohn. Gott Vater hat seinen Sohn in die Welt gesandt: die erste Mission. Jesus sollte *in seinem Geist* die Botschaft verkünden. In dem Moment, in dem jemand gesandt wird, wird der Geist sichtbar und hörbar. Der Heilige Geist ist das, was zwischen Vater und Sohn ist, wie sie sich verständigen. Insofern liegt der Heilige Geist an der Quelle der Mission. Ohne Geist keine Mission.

Pfingsten, das Fest der Ausgießung des Heiligen Geistes, ist die Geburtsstunde der Kirche und der Mission. Vor Pfingsten hatten sich die Jünger fromm, aber ängstlich in ihrem Obergemach eingeschlossen. Sie wussten noch nicht, dass und wie sie gesandt waren, und sie hatten noch nicht das Mittel dazu: die Kraft des Heiligen Geistes. Dann aber geschieht das Wunder, und sie, die einfachen, zum Teil ungebildeten Männer und Frauen, fangen an, in allen möglichen Sprachen zu sprechen. Sie sprechen genau in den Sprachen der Menschen, die sie auf dem Platz vor ihrem Haus vorfinden. Die neue Verständigung hat geradezu etwas Rauschhaftes; es ist kaum irdisch zu erklären, warum sie auf einmal zu dieser Kommunikation fähig sind: »Einige spotteten: Sie sind vom süßen Wein betrunken.« (Apostelgeschichte 2,13)

Ich erinnere mich, wie ich einmal am Anfang meiner Tätigkeit in den USA im Beichtzimmer einer Kirche saß und ein Jugendlicher eintrat. Er war mexikanischer Herkunft und sprach Amerikanisch mit hispanischem Einschlag. Gleichzeitig sprach er die Sprache der Jugend mit ihren ganz eigenen Formulierungen. Das war für mich gar nicht so einfach zu verstehen. Ich antwortete ihm in meinem Englisch mit deutschem Akzent, so gut ich konnte. Zur gleichen Zeit wurde in der Kirche meditative Hintergrundmusik gespielt, die der Pfarrer aufgelegt hatte. Es handelte sich um gregorianische Choräle, gesungen von den Mönchen aus Heiligenkreuz. Das erkannte ich, weil man den leicht österreichischen Akzent aus dem Lateinischen heraushören konnte. In diesem Moment erfasste mich ein tiefes Gefühl von Frieden und Freude. Da saß ich, ein Deutscher mitten in Nebraska, von Englisch, Spanisch, Österreichisch und Latein umgeben, und wir zwei, der Jugendliche und ich, verstanden uns, verbunden durch den Heiligen Geist, verbunden durch die vergebende und liebende Nähe Gottes.

Das Zweite Vatikanische Konzil hat die Muttersprache in die Liturgie eingeführt. Damit ist es vielleicht eines der missionarischsten Konzilien der katholischen Kirche gewesen. Alle Christen sollten befähigt werden, das Evangelium in ihrer Sprache zu verstehen und weiterzugeben. Die Liturgien mussten neu formuliert werden in den je eigenen Sprachen der Menschen. Es war die Einladung an alle: Formuliert das Geheimnis eures Glaubens in eurer Sprache. Und lernt die Sprachen der anderen, macht euch verständlich, damit ihr das Evangelium verkünden könnt. Sprache ist Ausdruck von Kultur und Lebensweise. Selbst im gleichen Sprachraum, zum Beispiel der deutschen Sprache, gibt es verschiedene Sprachcodes. Die Sprachgrenzen laufen entlang sozialer Schichten, der Bildungsstandards, der Migrantengruppen, der Milieus. Vor einigen Jahren haben die Kirchen für sich die sogenannten »Sinus-Milieus« entdeckt. Es handelt sich dabei um einen soziologischen Zugang zu bestimmten Gruppen unserer Gesellschaft. Die Kirchen stellten mit Erschrecken fest, dass sie mittlerweile viele Milieus nicht mehr erreichen. Sie sind dort einfach nicht mehr vertreten. Sie sprechen die Sprache der Menschen nicht mehr. Man hat sich aber oft damit begnügt, theoretisch darüber nachzudenken, anstatt sich aufzumachen, sich in »unbekannten« Milieus zu zeigen und die Sprech- und Denkweise der Menschen zu lernen.

Die Sprache unseres persönlichen Zeugnisses sollte dem anderen die Tür zu Gott öffnen und nicht verschließen. Theologische Fachsprache zum Beispiel ist angemessen im theologischen Diskurs, nicht aber im Gespräch mit jemandem, dem die Fachbegriffe nichts sagen. Es ist übrigens eine sehr gute Übung für »Professionelle«, solche Begriffe in einfacheres Deutsch zu übersetzen. Zudem gibt es einen binnenkirchlichen Slang. Menschen, die sich innerhalb dieses Zirkels bewegen, fühlen sich dadurch zu Hause. Dagegen ist nichts zu sagen. Sobald wir aber nicht mehr bemerken, dass wir außerhalb dieses Zirkels nicht mehr kommunizieren können, zumindest was Glaubensfragen angeht, sollten wir uns den Menschen mehr zuwenden, sodass wir ihre Sprache und Denkweisen verstehen.

Die Sprache des anderen zu lernen ist ein Akt des Loslassens. Ich muss meinem Gegenüber wirklich etwas sagen *wollen*, damit ich ihn mit meinen Worten erreiche. Ich finde es immer wieder faszinierend und abschreckend zugleich, wenn man Regierungssprechern oder Pressesprechern anmerkt, dass sie den Auftrag haben, gerade *nichts* zu sagen. Im Zeugnis für Gott ist das nicht hilfreich.

Keine Angst vor zu viel missionarischer Energie

»Ich bin so liberal. Ich habe auch keine Meinung. Ist mir viel zu engstirnig. Da musst du auch einfach mal flexibel sein. Und auch wenn mich einer was fragt, ich lauf weg. Ich geb dem keine Antwort. Ich will den anderen doch nicht beeinflussen. So liberal bin ich. Das muss man auch mal nach außen tragen: Sie müssen immer für alles sein.« (Sebastian Pufpaff, Comedian)

Sebastian Pufpaff karikiert hier in wunderbarer Weise, was heute politisch korrekt ist: die völlige Offenheit nach allen Seiten, die totale Liberalität. Bloß keinen Standpunkt haben. In diesem Klima haben wir gelernt, unsere Meinungen eher zurückzuhalten, es sei denn, wir können sicher sein, dass es sich dabei um einen korrekten Mainstream handelt. Wir halten uns zurück, denn wir wollen ja niemanden übervorteilen. Das gilt natürlich auch und besonders für religiöse Fragen. Nicht mal unsere eigenen Kinder wollen wir beeinflussen. Die sollen später selbst einmal entscheiden können. Das tun sie sowieso.

Als ich gerade zum Priester geweiht war, muss ich dieses Glänzen in den Augen gehabt haben, das wohl den meisten Jungvermählten zu eigen ist. Ich war so voller überschüssiger Liebe zu Gott, dass ich meine Freude einfach zum Ausdruck bringen musste. Ich hatte gute Bekannte in meiner Verlagstätigkeit kennengelernt, eine junge Familie, die inmitten des säkularisierten Berlin ein Devotionaliengeschäft betrieb. Das fand ich faszinierend, und ich war begeistert von dem unternehmerischen Mut, den diese jungen Leute hatten. Übrigens kamen und kommen bei Weitem nicht nur Christen in ihren Laden.

In dieser Zeit feierten sie gerade das zehnjährige Bestehen des Geschäftes und waren zu Recht stolz. Ich bot ihnen an, an ihrem Jubiläum, zu dem sie Freunde und Kunden einladen wollten, eine Messe in ihrem Laden zu feiern. Gesagt, getan: Es war eine sehr schöne Feier. Wenn ich heute aber daran denke, war es sicherlich eine Nummer zu groß – von meiner Seite. Ein Gebet oder eine Andacht oder Meditation hätten es auch getan. Nein, ich wollte aber mein Bestes geben und das Beste überhaupt: eine Eucharistie. Die Sache war also nicht wirklich ganz »zielgruppenbezogen«, denn viele der Besucher hatten überhaupt keine Erfahrung mit der Eucharistie. Heute würde ich vielleicht eine angemessenere Form wählen. Meine Naivität aber und die Freundschaft zu dieser Familie haben mich und alle Beteiligten geschützt und alles gut werden lassen.

Ich erzähle das hier, um Sie zu ermutigen, die missionarische Energie auch einmal herauszulassen, wenn Sie von ihr gepackt werden, selbst wenn es in Ihren Augen »zu viel« sein sollte. Wir wissen zum Beispiel, dass Konvertiten oder Neubekehrte besonders missionarisch sind. Das ist doch klar – sie wollen erzählen, was sie zur Konversion bewogen hat. Natürlich sollte man irgendwann das richtige Maß finden. Aber die lähmende Zurückhaltung, die heute als politisch korrekt gilt auf diesem Gebiet, hat viel weniger mit dem Evangelium zu tun. Ich glaube, wir versündigen uns durch die Zurückhaltung mehr, als wir durch das Zeigen unseres Glaubens beschädigen könnten.

Wenn wir wieder neu lernen wollen, uns ausdrücken, aus uns herauszugehen, auch in Glaubensfragen, dann müssen und dürfen wir zunächst die Angst überwinden, es könne unangemessen sein. Was angemessen ist, werde ich erst im Gespräch herausfinden, nicht, indem ich mich zurückhalte. Meister Eckhart, der deutsche Mystiker des 13./14. Jahrhunderts, hat einmal am Ende seiner Predigt gesagt: »Wäre hier [in der Kirche] niemand gewesen, ich hätte die Predigt diesem Opferstock predigen müssen.«[21] Bei dem Gelehrten und Mystiker musste es einfach heraus. Also, lassen wir es heraus!

Auch Jesus kennt dieses Gefühl. Im Lukasevangelium (4,42–44) heißt es: »Bei Tagesanbruch verließ Jesus die Stadt und ging an einen einsamen Ort. Aber die Menschen suchten ihn, und als sie ihn fanden, wollten sie ihn daran hindern wegzugehen. Er sagte zu ihnen: Ich muss auch den anderen Städten das Evangelium vom Reich Gottes verkünden; denn dazu bin ich gesandt worden. Und er predigte in den Synagogen Judäas.« Es gibt da etwas in uns, was sich nicht aufhalten lässt, wenn es um den Glauben geht. Wenn wir es zurückhalten, tun wir uns selbst und Gott und auch den anderen keinen Gefallen. Der heilige Augustinus erzählt ausführlich von seiner Bekehrung in seinen »*Confessiones*«. Einmal sagt er: »Wie redet einer, wenn er redet von dir (Gott)? Wehe denen, die von dir schweigen, denn auch die Stummen werden dich bekennen.« (Confessiones 1,4)

    Wenn wir den Mund öffnen in Glaubenssachen, haben wir die Bedenken, anderen auf die Nerven zu gehen oder zu tief in ihre Intimsphäre einzugreifen. In einer Dialogpredigt zum Weltmissionssonntag in Leipzig dachten die Religionslehrerin Regina Nothelle und die Richterin Sabine Zarden darüber nach: »Aber wozu denn überhaupt Mission? Kann denn nicht jeder auf seine eigene Art und Weise glauben? Die meisten Menschen haben doch entweder schon irgendeinen Glauben, mit dem sie zufrieden sind oder der sie gut leben lässt. Oder aber sie wollen mit Gott und Kirche bewusst nichts zu tun haben und sind auch so oder gerade deswegen glücklich und zufrieden. Sind sie das wirklich? Und ist nicht die allzu eifrige Rücksichtnahme auf die vorgefundenen Meinungen und Strukturen anderer auch eine Art der Bevormundung? Wenn ich jemandem im Gespräch oder vielleicht noch besser durch meine Art zu leben eine Alternative zu seinen bisherigen Überzeugungen und seiner bisherigen Lebensweise vorstelle – ohne jeden Druck oder Zwang –, dann hat er doch die Möglichkeit, sich frei zu entscheiden. Sage ich nichts, biete ich ihm erst gar keine Entscheidungsmöglichkeit an, spreche ihm letztlich sogar die Kompetenz ab, sich sachgerecht zu entscheiden.«[22]

Mission aus der Perspektive des Mönchs

Das Kloster als »Andersort«

Mönche sind Menschen, die alles hinter sich lassen, abgeschieden in ihren Klöstern leben und somit der Welt »Ade« gesagt haben. Die »fuga mundi«, die »Flucht vor der Welt«, ist ein ursprüngliches Motiv des Mönchtums. Der heilige Benedikt war angewidert von der Stadt Rom und den Sitten dort, sodass er sein Studium abbrach und in die Einsamkeit ging. Die ersten Mönche in Ägypten verkrochen sich weit entfernt von der Zivilisation in der Wüste; sie lebten in Höhlen und auf Bergen, um dort ungestört Gott suchen zu können.

Erstaunlich ist, dass ausgerechnet von den Klöstern im Lauf der Jahrhunderte entscheidende Impulse für Gesellschaft und Kirche ausgegangen sind. Man fragt sich, woran das liegt und was gerade Mönche zu Mission und Evangelisierung beitragen können und welche Impulse man daraus für heute ableiten kann.

Die Missionsbenediktiner von St. Ottilien, zu denen ich gehöre, sind im 19. Jahrhundert gegründet worden. Der Beuroner Benediktiner Andreas Amrhein (1844–1927) hatte die Vision, Mönchtum und Mission miteinander zu verbinden. Das war keine neue Idee, sondern verbreitete Praxis seit der Spätantike. Er schickte junge Mönche zunächst in das damalige Deutsch-Ostafrika, bald darauf auch nach Korea. Nach einhundertdreißig Jahren sind in vier Kontinenten durch die Mithilfe der Missionsbenediktinerinnen und -benediktiner blühende einheimische Kirchen entstanden. Gleichzeitig sind die meisten Entwicklungsprojekte in den Gebieten unserer Klöster von den Benediktinern angestoßen und aufgebaut worden. Es begann mit dem Loskaufen der Sklaven, führte über die Etablierung von Kindergärten, Waisenhäusern und Schulen, die heute noch eine sehr große Bedeutung haben, bis hin zur Errichtung von Krankenhäusern und medizinischen Zentren. Die Versorgung mit frischem Wasser war ebenso ein Anliegen der Mönche wie die Entwicklung der Landwirtschaft. Über die Jahre gelang es darüber hinaus, einheimische Menschen für das monastische Leben zu begeistern. Heute sind unsere Klöster in Tansania, Kenia, Sambia, Uganda, Südafrika, Togo, Venezuela, Kolumbien, Kuba, Südkorea, China und Indien weitgehend selbstständig.

Dann geschah etwas Unerwartetes. Hatte man in den ersten hundert Jahren die gesamte Energie »in die Missionen« (damit waren die Länder der Dritten Welt gemeint) investiert, wurde plötzlich der Bedarf in den Heimatländern immer spürbarer. Die Nachfrage nach den Schulen, die wir in Europa betreiben, wuchs – und sie waren nun nicht mehr »Missionsseminare« für die Ausbildung von Mönchen, sondern eine gefragte Alternative zu staatlichen Schulen für Menschen aller Konfessionen. Schließlich wuchs die Nachfrage nach unseren Gästehäusern. Unzählige Menschen machen heute von der Möglichkeit gebraucht, der Hektik ihres Alltags zu entfliehen, Abstand zu gewinnen und in Stille, im Gebet und im Gespräch mit den Mönchen neue Perspektiven für ihr Leben zu finden.

Was macht ein Kloster so anziehend? Es ist nicht einfach, als Mönch eine Antwort auf diese Frage zu geben. Eine schlichte Tatsache aber mag dazu beitragen, nämlich dass die Mönche in vielem etwas anders leben als der Großteil der Gesellschaft. Ich meine damit nicht nur das Ordensgewand, sondern zum Beispiel die Tatsache, dass der einzelne

Mönch kein Einkommen hat und das Kloster als Gütergemeinschaft lebt. Oder auch »kleine« Dinge wie die Tatsache, dass wir beim Läuten der Glocken die Arbeit liegen lassen und zum Gebet gehen. Dass wir morgens um 4.30 Uhr aufstehen, um Zeit für Gebet und zum Lesen der Bibel zu haben. Dass wir beim Essen schweigen und uns stattdessen gegenseitig aus einem Buch vorlesen. Dass wir Gesänge intonieren, die über tausend Jahre alt sind, und Gebete rezitieren, die schon vor dreitausend Jahren gebetet wurden. Wer dieses Leben lebt, für den ist das alles ganz normal, für Außenstehende aber ist es zunächst fremd und auch faszinierend. Was fremd ist, kann jedoch anziehend sein.

Der französische Philosoph Michel Foucault hat den Begriff des »Andersortes« (Heterotopie) geprägt. Er beschreibt damit die Erfahrung, dass es Orte gibt, an denen auf einmal alles ganz anders ist. Als Beispiele nennt er Gefängnisse, Krankenhäuser oder Friedhöfe. Wenn wir uns dorthin begeben, greifen plötzlich unsere Routinen nicht mehr, Unwichtiges wird wichtig, Unverzichtbares verliert an Bedeutung. Auch ein Kloster ist in gewisser Weise ein »Andersort«.

Sehen wir das Kloster als solchen, dann dreht sich die missionarische Perspektive um: Die Mönche gehen nicht in die Welt hinaus, sondern die Menschen kommen zu ihnen. Sie gehen nicht in die Fremde, sondern werden als »Fremde« aufgesucht. Der Gründer unseres Ordens mahnt in seiner Regel: »Die Mönche sollen sich fremd machen gegenüber dem, wie die Welt handelt« (*Saeculi actibus se facere alienum*, RB 4,20).

Tatsächlich ist es so, dass ein Kloster nicht nur seinen Charme, sondern auf Dauer seine Berechtigung und seinen Nachwuchs verliert, wenn es sich der Welt zu sehr anpasst; wenn es unreflektiert übernimmt, was im Mainstream der Gesellschaft üblich ist. Wenn es sich zu sehr »einrichtet« und dabei den Fokus der Gottsuche verliert. Lebt der Mönch jedoch überzeugend, dann hat er eine geradezu missionierende Ausstrahlung. Die Liturgie zum Beispiel wird zu einem stillen Zeugnis.

Ein alter Spruch lautet: Die Kanzel der Mönche ist das Chorgebet. Es ist bewegend, erwachsene Männer oder Frauen zusammen beten zu sehen. Und das tun die Mönche, unabhängig davon, ob irgendein Gast in der Kirche ist oder nicht. Die Unbedingtheit ihres Lebensstils strahlt aus. Mönch zu sein schließt es also nicht aus, Missionar zu sein, sondern im Gegenteil. »Mönch« und »Missionar« befruchten einander. Nur wenn der Mönch der Welt wirklich ein Fremder geworden ist, kann er anderen (aus seinem eigenen Kulturkreis!) helfen, Abstand zu ihrem Leben und einen neuen Zugang zu Gott zu finden. Indem er »die Welt verlässt«, transzendiert er sein Leben und öffnet sich für das Göttliche. Von dort kann Neues in dieser Welt entstehen.

Auf der anderen Seite können die Eigenschaften des »Mönchs« dem »Missionar« von Nutzen sein. Ein wesentliches Merkmal des Mönchs ist die Askese, und gemäß der Empfehlung Jesu kommt auch der Missionar mit »leichtem Gepäck« am besten an sein Ziel. Ein Missionar muss einfach leben und genügsam sein. Der Missionar Paulus sagt im ersten Korintherbrief: »Jeder Wettkämpfer lebt völlig enthaltsam; jene tun dies, um einen vergänglichen, wir aber, um einen unvergänglichen Siegeskranz zu gewinnen.« (1 Korinther 9,25)

Der heilige Ansgar, selbst Benediktiner und Missionar, hat im 9. Jahrhundert die klassische Formel geprägt: »*intimus monachus, foris apostolus*«, das bedeutet: »nach innen Mönch, nach außen Gesandter«. Wir könnten diese Formel heute erweitern, indem wir sagen: »nach innen Missionar, nach außen Mönch« oder: Bekehre dich ständig selbst; und wenn du deinen Glauben nach außen zeigst, tue es bescheiden wie ein Mönch.

Wenn wir im Alltag und in unserer Umgebung unseren Glauben nicht verstecken, sondern deutlicher zeigen wollen, dann hilft dieser Ansatz. Wir dürfen uns »da draußen« als »Mönche« verstehen, das heißt als Gottsucher. Wir dürfen uns als geschützt und behütet empfinden, wie von einer »Klausurmauer« umgeben oder mit einem Habit angetan.

Das bedeutet: Wie immer es ankommt, was ich hier zeige – es ist mir wichtig, ich tue es so, ich glaube es so. Darüber hinaus können uns die Klöster ermutigen zum Anderssein, dazu, Profil zu zeigen. Wir Mönche haben uns ja nicht strategisch überlegt: »Wir wollen anders sein, damit die Menschen zu uns kommen.« Wir tun einfach nur, was wir für richtig halten, und lassen uns dabei nicht aus der Ruhe bringen. Warum denn nicht vor dem Essen beten? Warum sollte es uns peinlich sein vor den Gästen, wenn wir es für richtig und gut halten? Wir zwingen sie ja nicht, es ihrerseits zum Brauch zu machen.

Bei aller »Abgeschiedenheit« des monastischen Lebens gibt es ein weiteres Element, das die klösterliche Kultur kennzeichnet: die Gastfreundschaft. Der heilige Benedikt schreibt in seiner Regel, dass der Mönch überzeugt sein soll, mit dem Gast gleichzeitig Christus aufzunehmen.[23] Diese Ehrfurcht, diesen Respekt und diese Offenheit versuchen die Mönche zu leben. Niemand wird am Eingang des Klosters gefragt: Bist du auch katholisch? Niemand wird examiniert in Bezug auf seine persönliche Lebensweise. Jeder ist willkommen. Hier ist ein Haus Gottes. Und Gott nimmt jeden von Herzen froh auf, besonders aber die Fremden und die Armen. Die Kultur der Gastfreundschaft ist etwas Wunderbares, das jeder in seinem Kontext pflegen kann. Statt mich abzuschotten, signalisiere ich dem anderen: Du bist es wert, dass du zu mir kommst, dass ich mir Zeit nehme für dich, dass ich mich um dich bemühe.

Das Missions-Paradigma hat sich also verändert. Wir sind weg von einem »erobernden«, »rekrutierenden« Ansatz, und wir öffnen uns für eine Kultur des Missionarischen, die offen und gastfreundlich ist für alle, die etwas über den Glauben lernen wollen.

»Mönch« und »Missionar« haben sich allerdings schon in der Vergangenheit gut ergänzt, was einige wenige Beispiele aus der Geschichte bereits zeigen können. Der heilige Beda Venerabilis, selbst Mönch und Kirchengeschichtsschreiber aus dem 7./8. Jahrhundert, bezeichnet die

Mönche als die »idealen« Missionare wegen der »Einfachheit ihres unschuldigen Lebens und der Süßigkeit ihrer himmlischen Lehre«.[24] Ein weiteres Beispiel ist Gregor I., der Mönch war, aber dann zum Papst gewählt wurde (540–604). Er selbst bevorzugte das kontemplative Leben und sah Außenkontakte als Last an. Dennoch war er es, der den heiligen Augustinus und andere Mönche im Jahre 595 nach England aussandte und damit eine Bewegung in Gang setzte, die das christliche Leben in die nördlichen Gefilde Europas brachte. Gregor wird als »Nachfolger« des Paulus gesehen. Er hat die Lebensbeschreibung Benedikts geschrieben und mit seinen Briefen den Missionaren in England den nötigen Rückhalt gegeben.[25] Von den Inseln schließlich ging ein wichtiger missionarisch-monastischer Impuls für unser eigenes Land aus.[26]

Nach der Erstmission durch den irischen Mönch Kilian (640–689) in Franken und den Mönch Pirmin (ca. 670–753) im Südwesten und im Elsass taucht der heilige Bonifatius (ca. 673–ca. 755) im Frankenland auf. Dieser war selbst Benediktiner und verließ erst mit vierzig Jahren die englische Insel; in seiner Missionsarbeit ging es ihm vor allem um die Stabilisierung der Kirche durch einheimischen Klerus und eine christliche Kultur. Letztere versuchte er besonders durch die Errichtung von Klöstern zu fördern. So gründete er Klöster in Ohrdruf, Fritzlar, Amöneburg und Fulda. Das kulturelle Gegenprogramm im Geist des Christentums beinhaltete die Aspekte von Keuschheit (besonders bei Klerikern, aber auch in der monogamen Ehe), den Umgang mit Besitz (keine Raffgier), Gehorsam, keine Kriegstätigkeit (Meiden von Waffen, kein Morden, selbst keine Jagd) und Bildung. Vieles davon erreichte er, vieles auch nicht, wie sein Scheitern bei den Friesen belegt.

Wir leben heute in einer völlig anderen Zeit, aber das Prinzip von »Andersorten«, die von christlichen Werten inspiriert sind und in gewisser Weise als Vorbild dienen, ist dasselbe geblieben. Eine christliche Missionarin, die sich intensiv mit islamischer Ethik beschäftigt hat, erläuterte mir, dass die islamische Moral sozusagen »monastische« Züge hat: In gewisser Weise will der Islam (in Teilen) die Lebensweise seiner Menschen so normieren, wie sie in seiner Strenge und Konsequenz im christlichen Bereich nur in Klöstern gelebt wird. Ideal wäre demnach, wenn eines Tages die ganze Gesellschaft so leben würde wie im Kloster (in Bezug auf Gewänder, Gebetszeiten, Fasten und so weiter). Die ganze Welt soll ein Kloster werden. Dass sich das mit den offenen Gesellschaften im Westen nicht verträgt, ist offensichtlich.

Die christliche Vorstellung ist in dieser Hinsicht eine andere. Wer sich als Mönch freiwillig einer besonders strikten christlichen Observanz unterwerfen will, kann das tun und damit Vorbild für andere sein. Die Benediktiner jedoch wollten nie die ganze Welt zum Kloster machen. Stattdessen reagierten sie mit ihrer Lebensweise auf Jesu Wort: »Ihr seid das Salz der Erde. Wenn das Salz seinen Geschmack verliert, womit kann man es wieder salzig machen? Es taugt zu nichts mehr; es wird weggeworfen und von den Leuten zertreten.« (Matthäus 5,13–14) Benediktiner sehen sich nicht als die Suppe, sondern als dieses Salz der Erde.[27] Um der ganzen Suppe Geschmack zu geben, genügt ein wenig Salz. Allerdings darf das wenige Salz dann seinen Geschmack nicht verlieren. Es ist ein Konzentrat. Es gibt nur etwa siebentausend männliche Benediktiner auf der Welt, ihr Einfluss aber ist enorm, besonders im Bereich Erziehung, Gastfreundschaft und soziales Engagement.

Das Moderne an dieser Form der Mission ist, dass sie den zu Missionierenden alle Freiheit lässt. Die Menschen sind eingeladen. Sie können kommen, wenn und wann sie wollen. Sie können wieder gehen und in ihre eigene Welt zurückkehren und dabei frei entscheiden, was sie umsetzen wollen von dem, was sie von der christlichen Botschaft gelernt haben. Jeder Verdacht einer quasi imperialistischen Inbeschlagnahme ist hier von vornherein ausgeschlossen. Die Mönche sind offen für alle christlichen Konfessionen, offen für Menschen ohne Glauben, die auf der Suche sind, und offen für den Dialog mit Menschen anderer Religionen. Was sie erwarten, ist nicht in erster Linie die Bekehrung oder gar der Eintritt ins Kloster, sondern nur der Respekt gegenüber der eigenen Lebensform.

Durch Kontemplation die Verstrickungen der Welt lösen

Lassen Sie uns noch etwas präziser werden, wie die Mönche »der Welt« begegnen. Ein gutes Beispiel aus ihrer Tradition gibt dafür der Benediktinerpapst Gregor I. in seiner Lebensbeschreibung des heiligen Benedikt:[28] Ein extrem brutaler Gote namens Zalla bringt Menschen um und hat zuletzt einen armen Bauern in seinen Fängen, dessen Besitz er an sich reißen will. Der Bauer aber sagt, er habe alles Benedikt gegeben. Das war eine Notlüge, um Zeit zu gewinnen und so dem grausamen Mann zu entkommen. »Da hörte Zalla endlich auf, den Bauern zu foltern; er fesselte seine Arme mit festen Riemen und trieb ihn vor seinem Pferd her. Er solle ihm diesen Benedikt zeigen, der sein Eigentum erhalten habe. Mit gebundenen Armen ging der Bauer voran, führte ihn zum Kloster des heiligen Mannes und traf ihn dort an. Benedikt saß allein vor dem Eingang des Klosters und las. Der Bauer sagte zu Zalla, der ihm wütend folgte: ›Siehe, da ist er, von dem ich gesprochen habe, der Vater Benedikt.‹ Wutentbrannt und in heilloser Verblendung blickte Zalla ihn an. Er glaubte wie immer, durch Einschüchterung sein Ziel zu erreichen. Mit lauter Stimme schrie er: ›Auf! Steh auf und gib her, was du von diesem Bauern bekommen hast!‹ Auf dieses Geschrei hin blickte der Mann Gottes sogleich von seiner Lesung auf, schaute ihn an und wurde auch auf den gefesselten Bauern aufmerksam. Kaum hatte er die Augen auf dessen Arme gerichtet, da fielen die Fesseln auf wunderbare Weise so schnell ab, wie Menschen sie so rasch nie hätten lösen können. Der gebunden gekommen war, stand plötzlich befreit da; zitternd vor der Kraft solcher Vollmacht, stürzte Zalla zu Boden. Er ließ von seiner rohen Grausamkeit und beugte seinen Nacken; er warf sich Benedikt zu Füßen und empfahl sich seinem Gebet. Der heilige Mann aber erhob sich nicht von der Lesung, sondern rief Brüder und ließ ihn ins Kloster hineinführen, um ihm gesegnetes Brot anzubieten. Als er zu ihm zurückgebracht wurde, ermahnte er ihn, von seiner heillosen Grausamkeit abzulassen. Tief erschüttert ging Zalla fort und wagte nicht mehr, von dem Bauern etwas zu fordern, den der Mann Gottes nicht durch Berührung, sondern durch einen Blick befreit hatte.«

Was auf den ersten Blick aussieht wie eine erbauliche Heiligen- und Wundergeschichte, birgt eine Menge Wahrheit. Der Mönch Benedikt ist in die geistliche Lesung vertieft. *Lectio Divina*, das betende Betrachten der Heiligen Schrift, ist eine Grundübung der Mönche, der sie sich täglich widmen. Statt aktiv in das Chaos und die Ungerechtigkeit der Welt einzugreifen, kommt »die Welt« auf ihn zu. Er schaut von seiner Bibel auf und wird gewahr, welche Brutalität und Gemeinheit sich da vor seinen Augen abspielen. Seine Augen waren aber gerade noch auf das heilige und heilende Wort gerichtet. Durch die Kraft, die von dem heiligen Wort ausgeht, blickt er auf die Situation und löst sie unmittelbar. Es braucht nicht einmal die Berührung – der Mönch lässt sich nicht verwickeln in das Treiben der Welt –, der Blick genügt. Benedikt steht nicht einmal auf; nach der Ermahnung senkt er seine Augen wieder auf das Buch Gottes und liest einfach weiter. Mission, die aus der Kontemplation hervorgeht. *Contemplata tradere*, wie es die monastische Tradition sagt: »Was man betrachtet hat, weitergeben.« Das ist der besondere Beitrag der Mönche zur Heilung der Welt. Das ist ihre Mission. Der kontemplative Blick löst die Knoten dieser Welt. Das liebende Aufschauen aus der Perspektive Gottes ist heilend und erlösend.

Wenn wir täglich die Nachrichten schauen, wenn wir Konflikte am Arbeitsplatz oder in der Familie erleben, welche uns an den Rand unserer

Möglichkeiten bringen, wie können wir dann angemessen helfen? Es kann sein, dass ein Sich-Einmischen oder Verteidigen uns selbst in den Strudel der Verstrickungen reißt. Die mönchische Perspektive wäre stattdessen: Bleib bei dir selbst. Kümmere dich nur darum, was dein Part ist in der ganzen Geschichte. Vermittle Hoffnung. Vermittle die Hoffnung, dass Gott helfen wird. Schöpfe aus der Kraft Gottes, wenn du hilfst und eingreifst, bleib also auf jeden Fall mit Gott in Verbindung. Sonst verbindest du dich mit den negativen Kräften Neid, Hass und Rache.

Der Mensch, der für andere aus seinem Glauben schöpfen will, ist also eingeladen, wie ein Mönch möglichst ständig mit Gott in Verbindung zu bleiben, häufig Gebet und Meditation zu üben, sodass er losgelöst ist und losgelassen hat in einer Weise, die auch anderen hilft, ihre Probleme zu lösen.

Eine weitere Geschichte aus dem Leben des heiligen Benedikt verdeutlicht diese besondere Einstellung zur Welt: Er steht kurz vor seinem Tod am Fenster seiner Zelle und sieht auf einmal in einer Offenbarung die ganze Welt wie in einem einzigen Sonnenstrahl. »Während er mitten in dunkler Nacht hinausschaute, sah er plötzlich ein Licht, das sich von oben her ergoss und alle Finsternis der Nacht vertrieb. (...) Etwas ganz Wunderbares ereignete sich in dieser Schau, wie er später selbst erzählte: Die ganze Welt wurde ihm vor Augen geführt, wie in einem einzigen Sonnenstrahl gesammelt.«[29] Diese Erfahrung war wie eine Erleuchtung für ihn. Wir erkennen darin, wie das missionarische Prinzip nach innen gekehrt wird: Dem Mönch wird das Herz zum Makrokosmos und die Welt zum Mikrokosmos[30]. Die Welt ist klein in seinen Augen, aber in seinem Herzen ist sie bereits ganz von Gott erleuchtet und geliebt. Davon gilt es Zeugnis zu geben.

Das Verhältnis des Mönchs zur Welt ist von zwei Bewegungen gekennzeichnet. Zum einen vom Abstand: Wir sind eingeladen, die Welt nicht ganz so wichtig zu nehmen, wie sie sich selbst nimmt und auch gerne darstellt. Es gibt so viel Hysterie und Aufgeregtheit, zu schnelles und unüberlegtes und ungesegnetes Reagieren, das die Dinge oft nur schlimmer macht. Wir sollten uns stattdessen nicht aufscheuchen lassen, sondern dort bleiben, wo wir zu Hause sind. Andererseits wird uns durch das Studium der Heiligen Schrift »das Herz weit«, wir werden erst richtig fähig zu *compassion*, zu Mitleid, und können so einen echten Beitrag leisten für die Besserung der Welt.

Ein Beispiel: Ein Ehepaar kommt schon länger zu mir zu Gesprächen. Jahrelang haben sie auf die Enkelkinder ihrer drei Kinder aufgepasst. Schließlich stellt sich heraus, dass eines der Kinder das andere mehrfach unsittlich angefasst hat. Die Mutter des Täters aber will das nicht wahrhaben. Die gesamte Familie zerbricht über Vorwürfen und Terminen beim Anwalt. Die Großeltern, die keinerlei Schuld trifft, haben das Haus für den jugendlichen Täter geschlossen. Sie leiden aber sehr darunter, wie gespalten die Großfamilie nun ist. Sie fragen sich, wie sie sie wieder einen können. Im Gespräch wird deutlich, dass sie nicht viel tun können. Die Verantwortung liegt bei ihrer Tochter, deren Sohn der Täter ist und die selbst Opfer des Narzissmus und der Gewalttätigkeit ihres eigenen Mannes ist, von dem zu trennen sie sich nicht aufraffen kann. Was die Großeltern tun können, ist, diese Tochter zu stützen, für alle Beteiligten die Hoffnung nicht aufzugeben und zu beten. Ihnen wird deutlich, dass sie nur losgelöst etwas Positives beitragen können. Auf diese Weise aber steigern sie die Effektivität ihres Beitrags.

Benedikts bevorzugter Platz ist »auf der Schwelle«: Er hält sich am Türeingang auf zwischen Heiligtum und Welt. Das sollte auch unser Platz sein. Wir sollten uns weder ganz zurückziehen von der Welt noch uns von ihr aufsaugen lassen. Auf dieser Schwelle aber können wir aus dem Heiligen schöpfen und gleichzeitig positiv in die Welt hinauswirken.

Tipps für Unterwegs II

Du musst die Welt nicht retten

Es gibt nicht nur christliche Missionare. Viele Menschen sehen es zum Beispiel als ihre Mission an, kein Fleisch mehr zu essen. Zum einen, weil es ihnen guttut, zum anderen, weil sie überzeugt sind, dass die Welt nur mit reduziertem Fleischkonsum überleben kann. Andere gehen auf die Straße, um zu protestieren und auf globale Ungerechtigkeit aufmerksam zu machen. Was immer sie tun, dahinter steht der Wunsch, die Welt ein bisschen besser zu machen. Manche sind sogar überzeugt, dass die Welt ohne diese Veränderung keine Zukunft mehr hat. Mit einem jüdisch-christlichen Begriff könnte man sagen, diese Menschen haben das »Prophetische« in sich entdeckt.

»Nimm dich nicht so wichtig«, ist ein berühmt gewordenes Zitat Papst Johannes' XXIII. Es spiegelt die Gelassenheit und das Gottvertrauen, das er ausgestrahlt hat. Paradoxerweise hat ihm nicht sein missionarisches Feuer, sondern genau diese Gelassenheit geholfen, eine ganz große Sache anzustoßen: das Zweite Vatikanische Konzil. Er öffnete damit die Kirche zur Welt hin, nicht nur ihre Fenster.

Es gibt die Versuchung des Missionars, die Welt oder die Kirche retten zu wollen. Das ist verständlich. Ohne sich zu identifizieren, kann er nicht Zeugnis geben. Ohne sich stark zu identifizieren, hat er keine Motivation, aus sich herauszugehen, sich verwundbar zu machen und auf andere zuzugehen. Das kann so weit führen, dass sich der Missionar mit seiner Botschaft und dem, der ihn gesandt hat, gleichsetzt. Er bekommt das Gefühl: Wenn *ich* jetzt nichts sage oder tue, dann tut es niemand. Gott hingegen kennt viele Wege und kann noch ganz andere Wege nutzen. Diese Art von missionarischem Elan kann gefährlich werden. Das »Missionarische« ist etwas Menschliches. Jeder hat irgendeine Mission oder Missionen. Und so wie diese Gabe zum eigenen Wohl und zum Wohl der Menschen eingesetzt werden kann, so kann sie auch gefährlich werden. Eine verbreitete Versuchung ist es, die Welt erst schlechtzumachen in den eigenen Darstellungen, um dann die Bedürftigkeit der Erlösung umso deutlicher herauszustellen. Das ist nicht im Sinne des Evangeliums. Jesus hat die Welt nie verachtet. Er hat sie in seiner Erlösungs- und Hilfsbedürftigkeit gesehen, aber immer auch in ihrem guten Kern. Warum hätte Gott Mensch werden wollen, wenn die Welt und alles Irdische so schlecht wäre? Die Welt zu dämonisieren kann so weit gehen, dass ich die Menschen oder bestimmte Menschengruppen dämonisiere. Wenn wir das tun, rufen wir den Teufel, statt ihn auszutreiben.

Nach christlicher Auffassung ist die Welt bereits erlöst durch Jesus Christus (vgl. Offenbarung 1,5). Dem ist nichts mehr hinzuzufügen. Jesus sucht Arbeiter beim weiteren Aufbau des Reiches Gottes; es bleibt aber Gottes Bau. Es ist Blasphemie, wenn ich glaube, die Welt erlösen zu müssen oder zu können. Es macht keinen Sinn, wenn wir Christus verkünden als den, der uns erlöst hat, und gleichzeitig den Eindruck machen (und glauben), dass es ohne uns (und ohne die Kirche) nicht geht. »Die Christen müssten mir erlöster aussehen. Bessere Lieder müssten sie mir singen, wenn ich an ihren Erlöser glauben sollte.« So hat es der Pfarrerssohn und Atheist Friedrich Nietzsche formuliert. Und selbst, wenn ich nicht erlöst aussehe – ich darf daran glauben, dass ich erlöst bin.

Erfolg ist kein Kriterium

Besonders Menschen, die sich amtlich oder ehrenamtlich mit der Weitergabe des Glaubens beschäftigen, sind oft frustriert, wenn sie keinen Erfolg in ihren Bemühungen sehen. Jesus erzählt seinen Jüngern einmal ein Gleichnis, das in diesem Zusammenhang sehr tröstlich sein kann: das vom Samen und vom Sämann. Wir können davon ausgehen, dass Jesus hier durchaus auch von seiner eigenen persönlichen Erfahrung bei der Ausbreitung des Evangeliums spricht: »An jenem Tag verließ Jesus das Haus und setzte sich an das Ufer des Sees. Da versammelte sich eine große Menschenmenge um ihn. Er stieg deshalb in ein Boot und setzte sich; die Leute aber standen am Ufer. Und er sprach lange zu ihnen in Form von Gleichnissen. Er sagte: Ein Sämann ging aufs Feld, um zu säen. Als er säte, fiel ein Teil der Körner auf den Weg, und die Vögel kamen und fraßen sie. Ein anderer Teil fiel auf felsigen Boden, wo es nur wenig Erde gab, und ging sofort auf, weil das Erdreich nicht tief war; als aber die Sonne hochstieg, wurde die Saat versengt und verdorrte, weil sie keine Wurzeln hatte. Wieder ein anderer Teil fiel in die Dornen, und die Dornen wuchsen und erstickten die Saat. Ein anderer Teil schließlich fiel auf guten Boden und brachte Frucht, teils hundertfach, teils sechzigfach, teils dreißigfach. Wer Ohren hat, der höre!« (Matthäus 13,1–9)

Jesus verkündet das Wort Gottes, auf dem Berg, im Tempel, im Vorübergehen, den Kranken, seinen eigenen Jüngern. Er ist ununterbrochen am »Säen«. Aber die Akzeptanz seines Wortes steht auf einem anderen Blatt. Der Sämann selbst hat den Erfolg nicht in der Hand. Missionarsein ist in erster Linie Säen. Ein befreundeter Pfarrer hat mir einmal erzählt: Oft hat er Gottesdienste oder Events für seine Gemeinde liebevoll vorbereitet, aber nur ganz wenige Menschen sind gekommen. Da war er verständlicherweise enttäuscht. »Soundso viel tausend gehören doch zu meiner Pfarrei, warum kommen am Schluss nur sechs?« Mein Freund war sich sicher, dass es nicht an der Qualität der Veranstaltung liegen konnte. Eines Tages fiel ihm die Lösung für das Problem ein. »Solange ich mich als Pfarrer sehe, also als ›Hirt‹ einer Herde, deren Zahl ich kenne und für die ich mich verantwortlich fühle, bin ich frustriert. Ich zähle sozusagen rückwärts: Wie viele fehlen zu den hundert Prozent? Sehe ich mich aber als Missionar, dann freue ich mich über jeden Einzelnen, der kommt. Zwei, drei, vier, jeder, der kommt, ist ein Gewinn und Erfolg.«

Jesus hat einmal gesagt: »Wo zwei oder drei in meinem Namen versammelt sind, da bin ich mitten unter ihnen.« (Matthäus 18,20) Das finde ich doch ziemlich bescheiden, zumindest was die Quantität angeht. Der Missionar ist verschwenderisch. Er wirft den Samen aus. Wenn etwas davon auf den steinigen Grund fällt – na und? Der Missionar ist so verschwenderisch, wie Gott selbst es ist. Hat Gott gespart, als er die Welt erschaffen hat? Der Missionar ist so verschwenderisch, wie die Natur es ist. Spart sie etwa bei der Zahl von Samen, die sie verstreut?

Dabei sind die menschlichen Gefühle Jesus nicht fremd. Es gibt so viele Beispiele, die zeigen, dass er unter der »Erfolglosigkeit« seiner Mission gelitten hat: »Mit wem soll ich diese Generation vergleichen? Sie gleicht Kindern, die auf dem Marktplatz sitzen und anderen Kindern zurufen: Wir haben für euch auf der Flöte gespielt, und ihr habt nicht getanzt; wir haben Klagelieder gesungen und ihr habt euch nicht an die Brust geschlagen.« (Matthäus 11,16–17) Der Grund für seine Traurigkeit war aber nicht sein eigenes Ego, das bestimmte Erwartungen erfüllt sehen wollte, sondern die Tatsache, das Gott die Menschen (noch) nicht erreichen konnte.

Wir säen, Gott aber ist es, der wachsen lässt. Und der Empfänger ist selbst für den Boden verantwortlich. Im Gleichnis mit dem Sämann gibt es eine klare Distanz zwischen Jesus und den Zuhörern: Dieser steht im Boot, jene sind am Ufer. Es liegt außerhalb unserer Verantwortung, wie das Wort aufgenommen wird. Wenn der Sämann die Samen in seiner Hand festhält, werden diese nie auf fruchtbaren Boden fallen können. Wir müssen loslassen.

Wenn wir heute manchmal im Blick auf Mission frustriert sind, weil unsere Bemühungen so wenig fruchten (oft nicht einmal in uns selbst), dann liegt das vielleicht daran, dass wir immer noch das »glorreiche« 19. Jahrhundert in Erinnerung haben. Das war vielleicht *das* Jahrhundert der Mission. Damals wurden zahlreiche Missionsorden gegründet wie die Comboni-Missionare, die Steyler Missionare, die Herz-Jesu-Missionare, die Missionsbenediktiner und so weiter. Und sie gingen in alle Welt hinaus, auf alle Kontinente, und verbreiteten (meist) mit großem Erfolg das Evangelium. Zudem herrschte zu Hause eine Missionsbegeisterung, die diesen Trend noch verstärkte. Nichts von alledem finden wir heute.

Wir sollten uns bescheiden in unseren Erwartungen. Gehen wir nach Jesu Gleichnis, so kennt er sozusagen eine »Erfolgsquote« von fünfundzwanzig Prozent, denn nur jeder vierte Teil fällt auf fruchtbaren Boden. So wie der Samen Gottes Wort ist, das uns nicht gehört, so bleibt es auch ein Geheimnis, warum das Wort einmal aufgeht und einmal nicht. Ich kenne zahlreiche Familien, in denen zum Beispiel ein Kind besonders fromm ist und sehr engagiert in religiösen Dingen. In derselben Familie aber gibt es ein anderes, das mit Religion überhaupt nichts zu tun haben will. Und doch ist man sich verwandtschaftlich so nahe. Ich denke mir manchmal, dass darin ein Sinn für beide Seiten stecken könnte: Für den Religiösen ist der Atheist ein Stachel im Fleisch, für den Atheisten der Religiöse.

Können wir überhaupt wirklich beurteilen, was »Erfolg« in der Verkündigung meint? Sind es wirklich die Zahlen? Vielleicht sehen wir manchmal den Erfolg auch gar nicht, obwohl er da ist. Womöglich sehen wir ihn *noch* nicht, denn Wachstum braucht Zeit. Wir sollten uns nicht zu viele Gedanken um den Erfolg machen – das sagt Jesu Gleichnis –, sondern uns auf unseren Teil konzentrieren: das Säen.

Der Landwirt oder Gärtner braucht Geduld. Der Pfarrer meiner Heimatpfarrei erzählte mir einmal: »Ich erinnere mich mit Freude an eine Jugendliche in meiner Gemeinde. Im Alter von sechzehn Jahren bat sie um die Taufe. Nach einer Zeit der Begleitung und Vorbereitung wurde das Mädchen in der Osternachtsliturgie getauft. Vier Jahre später traf ich sie in der Stadt. Da sagte sie: ›Herr Pfarrer, die Taufe damals war eine richtige Entscheidung und das Schönste für mein Leben.‹ Dieses Gespräch hat mir als Priester so gut getan, denn gerade bei Jugendlichen denken wir manchmal: Wir mühen uns umsonst, es bleibt sowieso nichts mehr nach dem Empfang des Sakramentes. Dieser Fall aber hat mir gezeigt: Ich soll weiter großzügig säen, denn ich weiß nicht, auf welchem Boden der Samen Frucht tragen wird. Ich muss die Auswirkung meines Lebens und meiner Arbeit nicht unterschätzen. Auch in einer Gesellschaft, die sich von Glauben und Kirche immer mehr distanziert, gibt es irgendwo eine Seele, die auf der Suche ist und mich als Priester braucht.« Säen bedeutet Hoffen.

Niederschwellig ist manchmal zu niedrig

Im thüringischen Volkenroda steht der beeindruckende Christus-Pavillon, der ursprünglich für die Expo 2000 geschaffen wurde. Er ist offen für alle Konfessionen. Im Gegensatz zu vielen traditionellen Kirchen ist der Eingang ebenerdig, es gibt keine Stufen, die zum Kirchenraum heraufführen. Damit ist zum Ausdruck gebracht, dass der Zugang zu Christus den Menschen so einfach wie möglich gemacht werden soll. Hier gibt es keine großen Hindernisse, Schwellenangst kann nicht entstehen. Es gibt noch nicht einmal eine niedrige Schwelle, sondern eben gar keine. Die Kehrseite dieser Architektur: Ich habe Touristen erlebt, die mit ihren Fahrrädern direkt in den Gottesdienstraum hineingefahren sind. Wer wollte es ihnen verübeln? Da sie keine Erfahrung mit sakralen Räumen hatten, ein Gefühl von Ehrerbietung und Respekt, dachten sie, man könne mit dem Fahrrad eben direkt in die Kirche fahren.

Das ist die Grenze der Niederschwelligkeit. In der Pastoral nennt man »niederschwellige Angebote« solche Initiativen, die Menschen ohne religiösen Hintergrund den Zugang zur spirituellen Erfahrung ermöglichen sollen. Da gibt es zum Beispiel »Theology on the tap« in den USA: Man sitzt miteinander in einer Kneipe und tauscht sich über den Glauben aus. Für viele ist es leichter, sich in einer Kneipe zu treffen als gleich im Gemeindezentrum oder der Kirche. Viele Klöster und Diözesen veranstalten Konzerte. Musik ist einer der wunderbaren Wege, Gott erfahrbar zu machen. Sie ist zunächst einmal Kunst; ob die Zuhörer in das explizit Religiöse vorstoßen wollen, bleibt ihnen überlassen. Solche Angebote sind großartig.

Besonders in seiner Sprache sollte man »niederschwellig« sein, wenn man Menschen begegnet, die in Bezug auf Religion nicht viel Erfahrung mitbringen. Wenn ich mit Begriffen aus der Bibel oder der Dogmatik um mich werfe, obwohl der andere damit gar nichts verbindet oder verbinden kann, dann ist das sinnlos. Hinzu kommt, dass religiöse Sprache in der Vergangenheit oft missbraucht wurde; Menschen assoziieren mit bestimmten Ausdrücken ungute Erinnerungen, vor allem an angstmachende religiöse Erziehung. Deshalb wurde nach dem Zweiten Vatikanischen Konzil kräftig »abgerüstet«, und man versuchte, Worte zu finden, die die Inhalte in neutraler, »weltlicherer« Weise beschreiben. Aber das hat eben auch eine Kehrseite oder Grenze. Es scheint mir angebracht und gerechtfertigt, wenn wir mit Menschen zu tun haben, die Elemente religiöser Erziehung erlebt haben. Sie können noch etwas damit anfangen. Es wird aber dann schwierig, wenn Menschen überhaupt nichts mehr von Religion wissen und verstehen. Wenn ich zu ihnen mit einer niederschwelligen Sprache komme, dann verstehen sie auch das nicht. Ich darf dann ruhig einmal ein religiös geprägtes Wort fallen lassen, das zum Anlass werden kann, darüber ins Gespräch zum kommen. Falls es bei meinem Gegenüber eine Frage oder Verwunderung auslöst, habe ich vielleicht die Chance, von meiner Erfahrung zu erzählen und den anderen zu einer Erfahrung zu inspirieren.

Manchmal ist es besser, die Menschen zu fordern. Gerade der jüngeren Generation, die keine schlechten Erfahrungen mit Kirche gemacht hat, weil sie eben gar keine Erfahrungen mit ihr gemacht hat, hilft eine »weichgespülte« Sprache nichts. Sie wollen wissen, wie wir Christen die Dinge benennen. Und sie wollen verstehen, was das bedeutet. Sie wollen es präzise wissen. Sie fühlen sich ohnehin frei, es anzunehmen oder nicht. Die Niederschwelligkeit kann zu einer Verwässerung unseres Glaubens führen, die niemandem hilft. Oder sie wird gar zur Anbiederung, die eher abschreckt.

Apropos helfen: Zusammen mit den Menschen, mit denen ich den Glauben teile, ist es durchaus gut und hilfreich, eine »Binnensprache« zu benutzen. Sie ist bestätigend. Es ist gut, nicht jedem erklären zu müssen, was sie bedeutet. Das kann ich immer noch zur gegebenen Zeit tun. Doch es darf auch erlaubt sein, dass ich mich in dieser »Binnensprache« bewege. Ich erinnere mich, dass ich immer große Schwierigkeiten hatte, die Kirchenväter der ersten Jahrhunderte zu lesen, zum Beispiel Augustinus oder Gregor I. Es schien, als reihten diese ein Bibelzitat an das andere; das erschien mir nicht nur veraltet, sondern auch nicht hilfreich. Die Sprache war hermetisch, ich kannte die Bibelzitate noch nicht oder sie waren mir nicht vertraut, sodass ich in die Erfahrung, die der jeweilige Kirchenvater beschreiben wollte, überhaupt nicht hineinkam. Nach Jahren des Studiums und der Betrachtung der Bibel, eher nach Jahrzehnten, ergeben diese Texte, die ursprünglich nicht für Fachleute bestimmt waren, aber von Menschen gehört wurde, die sich ständig in der Bibel weiterbildeten, einen Sinn. Sie sind extrem aufbauend, schlüssig und heilsam. Warum also verwässern, was wirklich nahrhaft ist? Wir dürfen den Menschen auch zumuten, dass sie zunächst einmal etwas *nicht* verstehen. Wir dürfen die Schwelle oben lassen, sodass sie (noch) nicht hinüberkommen. Die Schwelle aber kann ihnen ein Anreiz sein, daran zu arbeiten. Das ist manchmal motivierender als der Versuch, alles transparent zu machen, was noch nicht transparent gemacht werden kann.

Was ich damit sagen will: Wenn wir alle Anforderung im Religiösen auf ein Minimum zurückschrauben, können die Menschen nicht wachsen. Es ist in Ordnung, wenn man einmal etwas nicht versteht. Es macht keinen Sinn, das Göttliche zu banalisieren. Dennoch: Welche Worte ich wähle, wie hoch ich die Schwelle lege, sollte sich komplett von dem herleiten, dem ich begegne. Liebe und Respekt sollten mich in der Wahl meiner Worte leiten. Manchmal aber, so meine Erfahrung, kann eine hohe Schwelle der bessere Weg sein, dem anderen etwas von meinem Glauben zu zeigen.

Meine Beziehung zur Kirche

Ein Stolperstein im Zeugnisgeben ist für viele Menschen ihre Beziehung zur Kirche. Das ist sehr schade, denn eigentlich möchte sie da sein, um uns in unserem Zeugnis zu unterstützen.

Es gibt viele, die mit der Kirche gebrochen haben oder einfach aus ihr herausgewachsen sind. Doch sie glauben noch an Gott oder an Christus. Jedes Bekenntnis zu ihm ist etwas, das unsere Welt besser macht. Viele andere wiederum fühlen sich durchaus mit der Kirche verbunden, aber mit dem einen oder anderen oder gar mit vielem in ihr haben sie ihre Schwierigkeiten. Das ist besonders schmerzlich, denn es ist ja viel einfacher, Zeugnis zu geben, wenn ich mich voll identifizieren kann. Es macht also Sinn, an unserer Beziehung zur Kirche positiv zu arbeiten.

Entscheidend ist, was ich überhaupt unter Kirche verstehe. Welches Bild habe ich von ihr? Für mich sind folgende Bilder wichtig geworden. Weit über die Institution Kirche hinaus, die immer auch zeitlichen Bedingungen unterlegen ist, ist die Kirche »der Leib Christi«. Der heilige Paulus benutzt dieses Bild im ersten Korintherbrief (12,12–30): »Ihr aber seid der Leib Christi, und jeder Einzelne ist ein Glied an ihm.« Das bedeutet, dass wir Christus in dieser Welt repräsentieren, darstellen, zeigen. »Christus hat keine Hände, nur unsere Hände«, so formuliert es ein Gebet vom Anfang des 14. Jahrhunderts. Wenn ich mich als ein Glied an seinem Leib sehe, dann werde ich mir bewusst, wie begrenzt ich selbst bin als Mensch. Das wiederum macht mich barmherziger gegenüber den anderen Gliedern, den anderen Mitgliedern der Kirche, sei es an der Basis oder an der Spitze oder im Mittelfeld. Wir alle versuchen mit unseren begrenzten menschlichen Mitteln, etwas von Christi Güte, Barmherzigkeit und Klarheit durchscheinen zu lassen.

Diese Einstellung hilft mir, nicht zu verzweifeln, wenn ich Missstände in der Kirche sehe oder Dinge meiner Ansicht nach in eine falsche Richtung laufen. Diese Haltung verhindert auch, dass ich von Zorn oder Bitterkeit oder Enttäuschung geleitet werde in meiner Einstellung zur Kirche. Schließlich macht sie mich bescheiden: Ich bin nur *ein* Glied. Die anderen habe ich auch zu respektieren. »Wenn der Fuß sagt: Ich bin keine Hand, ich gehöre nicht zum Leib!, so gehört er doch zum Leib.« (1 Korinther 12,15) Es ist im Gegenteil ein fruchtbarer Beitrag zur Kirche, wenn ich die Spannung, dass ich mich nicht mit allem identifiziere, aushalte. Wenn ich die Kirche verlasse, leiste ich keinen Beitrag mehr. Das Fühlen mit der Kirche, *sentire cum ecclesia* (Ignatius von Loyola), schließt Freude und Leid ein. Ich freue mich über den neuen Papst. Ich leide unter diesem und jenem. Vieles in der Kirche kommt und geht, Christus bleibt derselbe. Um ihn geht es und um seine Botschaft.

Ja, es macht Sinn, sich auf das Wesentliche zu konzentrieren, gerade in Zeiten des Umbruchs. Das gilt für dogmatische wie für moralische Themen. Es gibt da eine »Hierarchie der Wahrheiten«. Die Kirche verlangt nicht in autoritärer Weise »Vollidentifkation« mit dem Kleinsten und Geringsten, was sie von sich gibt. Zentrale Glaubenswahrheiten verbinden uns vor allen anderen, die Auferstehung Jesu zum Beispiel. Die Frage nach der Empfängnisverhütung ist wichtig, hat aber nicht denselben Stellenwert.

Eine andere Erfahrung ist, dass wir uns selbst über die Jahre verändern und Dinge anders zu sehen lernen. Der Glaubensschatz der Kirche versammelt ja das Ganze, das uns nicht immer sofort einsichtig oder verständlich oder glaubhaft ist. Er versammelt auch die ganze Welt und alle Kulturen. Das christliche Leben besteht nicht darin, dass ich wie ein Musterschüler alles lerne und weiß und dann auswendig gelernt nachsage. Wir sprechen von einem Geheimnis, vom »Geheimnis des Glaubens«. Wir sprechen von Jesu Leben, Tod und Auferstehung. Wer hat das schon begriffen? Wer glaubt es schon durch und durch? Eine Bescheidenheit in diesem Bereich ist angebracht und macht das Leben leichter.

Ich selbst bin erstaunt und dankbar, dass ich im Lauf der Jahre immer mehr »verstehe« von der Bibel und den Lehren der Kirche; dass ich feststellen darf, wie viel da zusammenpasst, wie weise alles gefügt ist. Vielleicht nicht alles, aber die Kirche arbeitet ja auch an sich, wie wir in den letzten fünfzig Jahren gesehen haben. Ich muss aber auch zugeben, dass ich früher vieles noch nicht verstanden hatte, trotz religiöser Sozialisation, trotz Theologiestudium, einfach weil ich von meiner Entwicklung her noch nicht so weit war, es verstehen zu können. Wie dankbar bin ich der Kirche, das heißt allen meinen Brüdern und Schwestern, dass sie den Glauben in seiner Gänze in dieser Zeit weitergetragen haben. Und wie sehr freue ich mich darauf, bis an mein Lebensende noch viel mehr und viel tiefer zu verstehen. »O Tiefe des Reichtums, der Weisheit und der Erkenntnis Gottes! Wie unergründlich sind seine Entscheidungen, wie unerforschlich seine Wege! Denn wer hat die Gedanken des Herrn erkannt? Oder wer ist sein Ratgeber gewesen? Wer hat ihm etwas gegeben, sodass Gott ihm etwas zurückgeben müsste? Denn aus ihm und durch ihn und auf ihn hin ist die ganze Schöpfung. Ihm sei Ehre in Ewigkeit! Amen.« (Römer 11,33–36)

Die Bescheidenheit ist auch deshalb angebracht, weil wir ja nicht nur den Glauben von Milliarden von Menschen verschiedener Kulturen auf einem Erdball bezeugen, sondern auch das, was unsere Vorfahren mit Gott erlebt haben. Die Geschichte ist Teil unseres Glaubensschatzes, denn wir glauben, dass Gott genauso an unseren Müttern und Vätern gehandelt hat wie an uns heute. Im Kern – so glaube ich – ändert sich der Mensch gar nicht so sehr, über die Zeiten hin gesehen, selbst wenn digitale Revolution, Klimawandel, Globalisierung manchmal den

Eindruck erwecken, als würde der Mensch sich momentan sehr stark verändern.

Die Missionare sind früher ausgezogen und haben einfach verkündet, was »katholisch« war. Sie hatten es in gewisser Weise einfacher. Als Individuen konnten sie sich hinter das Kollektiv scharen. Heute ist das Individuum in den Vordergrund gerückt. Es ist aber eine Überforderung und auch nicht angemessen, wenn ich jede religiöse Erfahrung vollends aus dem eigenen, ganz persönlichen Holz schnitzen muss. Warum nicht auch unseren Vorfahren vertrauen, zumindest genauso viel wie uns selbst?

Die Kirche hat in Bezug auf Evangelisierung den großen Vorteil, dass sie uns einen Rückhalt gibt, das heißt: Ich bin es nicht allein, der diese verrückten Sachen glaubt oder erfahren hat. Indem Jesus die Jünger »zu zweit« ausgesandt hat, ist eigentlich die Kirchlichkeit von Anfang an mit der Mission verschränkt. Die Kirche hat sozusagen eine »Schwarmintelligenz«. Und sie hat über die Jahrhunderte Mechanismen entwickelt, Gefahren des Kollektivs und des Individuums zu erkennen und zu beheben. Sie ist zum Beispiel kritisch gegenüber Privatoffenbarungen. Die Gemeinschaft entscheidet letztlich, was glaubwürdig ist – wie zu Jesu Zeiten.

Ich sollte mich also aktiv als Teil der Kirche verstehen, wenn ich vom Glauben zeuge. Das bedeutet, ich sollte alles, was ich der Kirche im Großen vorwerfe – zu Recht oder zu Unrecht –, zunächst einmal auf mich selbst anwenden: Die Kirche ist exklusiv. Bin *ich* exklusiv? Die Kirche ist heuchlerisch. Stimmen bei *mir* Reden und Handeln immer überein? Die Kirche ist autoritär. Wie viel Spielraum lasse *ich* anderen in ihrem Denken und Handeln?

Wir können Glauben und Kirche nicht trennen, weil der christliche Glaube in seinem Wesen »gemeinschaftlich« ist. Er wird weitergegeben über das Erzählen unserer Geschichten. In dem Moment, als die Kirche »geboren« wurde, an Pfingsten – es war dieses Gefühl, eins zu sein, obwohl man doch so unterschiedlich ist –, da wurde auch der Geist ausgegossen, der alle Jünger herausschickt und der ihnen Mut gibt, Zeugnis zu geben. Jeder und jede hat teil an dem Geist, so wie auf dem Kopf von jedem auch eine Feuerzunge erschien; letztlich ist der Geist nicht teilbar, und die Ausgießung des Geistes macht nur Sinn, wenn sie gemeinschaftstiftend und gemeinschaftfördernd ist.

Die Einheit ist sehr wichtig beim Zeugnisgeben. Wenn ich nicht mit mir selbst eins bin, bin ich unglaubwürdig. Wenn die Kirche sich nicht eins ist, ist sie unglaubwürdig. Deshalb sollten wir auch so intensiv wie möglich in der Ökumene zusammenarbeiten. Es gibt viel mehr Dinge, die uns verbinden, als uns trennen. Wir haben einen Punkt erreicht in unserer Gesellschaft, an dem der christliche Glaube völlig zu verdunsten droht. Wir können uns nicht mehr leisten, gespalten zu sein. Dazu braucht man sich nur die ergrauten Häupter in den Kirchen anzusehen. Das einst »christliche Europa« muss nicht christlich bleiben, nur weil dort Kirchen herumstehen, die mehr und mehr zu anderen Zwecken als zu Gottesdiensten genutzt werden. Das beste Beispiel dafür ist Nordafrika, das bis ins 7. Jahrhundert christlich war. Oder Kleinasien, die heutige Türkei, das auch christlich war – und es heute nicht mehr ist.

Papst Franziskus findet wie immer eindeutige Worte in dieser Hinsicht: In seiner Botschaft am Weltmissionssonntag 2013 unterstreicht er, dass Missionsarbeit kirchliches Teamwork ist: »Es ist dringend notwendig, in unserer Zeit das gute Leben des Evangeliums durch die Verkündigung und das Zeugnis aufleuchten zu lassen, und dies aus dem Innern der Kirche selbst. Denn in einer solchen Perspektive ist es wichtig, nie das Grundprinzip jedes Glaubensboten zu vergessen: Man kann Christus nicht ohne die Kirche verkünden. Evangelisieren ist nie ein isoliertes, individuelles, privates Handeln, sondern immer ein kirchliches Handeln. Paul VI. schrieb: ›Auch der einfachste Prediger, Katechist oder Seelsorger, der im entferntesten Winkel der Erde das Evangelium verkündet, seine kleine Gemeinde um sich sammelt oder ein Sakrament spendet, vollzieht, selbst wenn er ganz allein ist, einen Akt der Kirche.‹ Er ist ›nicht aufgrund einer Sendung, die er sich selbst zuschreibt, oder aufgrund einer persönlichen Anregung tätig ..., sondern in Verbindung mit der Sendung der Kirche und in ihrem Namen‹ (ebd., 60). Dies gibt der Mission Kraft und lässt jeden Missionar und Glaubensboten spüren, dass er nie allein ist, sondern Teil eines einzigen vom Heiligen Geist beseelten Leibes.«

Für den ganz praktischen Gebrauch im Alltag finde ich es sinnvoll, dass wir zunächst von den guten Erfahrungen erzählen, die wir mit oder in der Kirche gemacht haben. Denn die haben wir ja gemacht, sonst wären wir nicht mehr Mitglied der Kirche. Wir sollten unsere Übereinstimmung nicht völlig von den klassischen Reizthemen verdunkeln lassen. Freilich sollten wir diese Themen auch nicht auslassen, wenn sie sich denn im Gespräch ergeben.

Die Freude, erwählt zu sein

Im Holocaust-Museum in New York habe ich einen Filmclip gesehen, in dem ein Überlebender der Konzentrationslager von einer besonders ausweglosen Situation im Lager erzählte. Er dachte, jetzt müsse er sterben, und so fing er, der sonst ein nicht allzu frommer Jude gewesen war, auf einmal an zu beten: »Warum, Gott, lässt du das alles zu? Wir sind doch dein erwähltes Volk!«

Mancher mag sich sträuben, wenn er von »Erwählung« hört. Erwählte scheinen uns suspekt. Zu viel Unrecht ist schon geschehen im Namen der »Erwählung«, gerade auch im Verhältnis zwischen Christen und Juden. Dieses Zeugnis des Holocaust-Überlebenden aber traf mich ins Herz. »Wir sind doch dein erwähltes Volk!« Welche Würde sprach da aus ihm! Lassen Sie mich die Sache von einer anderen Perspektive her aufrollen: Wenn ein Mann eine Frau liebt, dann freut sich die Frau unbeschreiblich darüber, dass sie »erwählt« wurde. Das ist natürlich auch umgekehrt der Fall. Aber da sind ja noch viele andere Frauen. Warum hat er gerade mich erwählt, mag sie sich fragen. Da gibt es so viele andere Männer. Warum liebt sie gerade mich, mag er sich fragen. Liebe und Erwählung gehören zusammen.

Das Volk Israel hat von Anfang an gespürt, dass es eine besondere Beziehung zu Gott hat und von ihm erwählt ist. Es war ein ziemlich kleines Volk, ziemlich »heruntergekommen« als Sklaven in der Fremde Ägyptens; sein Glaube aber an die besondere Erwählung hat ihm geholfen, sich wieder aufzurichten und zu befreien.

Die Erwählung durch Gott hat einen anderen Charakter als die durch einen Menschen, zum Beispiel einen Ehegatten. Gottes Erwählung ist exklusiv und schließt *doch* die anderen nicht aus. Wie ein guter Vater oder eine gute Mutter kann er jeden Menschen hundertprozentig lieben und dabei gleichzeitig eine hundertprozentige Liebe zum Nachbarmenschen haben. Von dieser Art der Erwählung sprechen wir hier.

Die jungen Christen haben diesen Gedanken der Erwählung des Volkes Israel schnell übernommen. Das »neue Israel«, die Kirche, verstand sich als besonders von Gott auserwählt und gesegnet. Dieser Gedanke der Erwählung geht so weit, dass in der Kirche der tiefe Glaube verankert ist, dass Gott die Kirche nie verlassen wird auf ihrem Weg durch die Zeit. Sie wird eben nicht untergehen, was auch immer ihr begegnet.

Schon das Alte Testament benutzt das Bild des Liebhabers: Gott ist der Liebhaber Israels. Die Kirche setzt den Gedanken fort: Die Kirche ist »die Braut« Christi. Beide sind auf unzertrennliche Weise miteinander verbunden und füreinander bestimmt.

Was aber für die Gemeinschaft der Glaubenden gilt, hat die Kirche schon immer auch als gültig für den Einzelnen angesehen: Jeder einzelne Christ, jede einzelne Christin ist auf unverbrüchliche Weise mit Christus verbunden, durch die Taufe. Jeder von uns ist erwählt. Jeder von uns ist gemeint. Jeder von uns ist geliebt. Jeder von uns hat eine Mission. Keiner von uns darf fehlen. Lasse ich diesen Gedanken tief in mich einsinken, dann schenkt er Freude, einen großen Frieden und Sinn im Leben.

Wenn ich den Menschen begegne, denen ich vom Glauben erzählen will, dann darf ich nicht mit der Miene herumlaufen: »Ich bin erwählt!« Aber ich darf diesen Gedanken als Ressource für mich nutzen und im Hintergrund dabeihaben. Gleichzeitig bin ich aufgefordert, aktiv daran zu glauben, dass Gott auch mein Gegenüber in derselben exklusiven Weise erwählt hat und liebt.

Im Johannesevangelium erinnert uns Jesus daran: »Nicht ihr habt mich erwählt, sondern ich habe euch erwählt und dazu bestimmt, dass ihr euch aufmacht und Frucht bringt und dass eure Frucht bleibt.« (Johannes 15,16) Und der erste Petrusbrief bestätigt es: »Ihr aber seid ein auserwähltes Geschlecht, eine königliche Priesterschaft, ein heiliger Stamm, ein Volk, das sein besonderes Eigentum wurde, damit ihr die großen Taten dessen verkündet, der euch aus der Finsternis in sein wunderbares Licht gerufen hat.« (1 Petrus 2,9)

Arbeitsteilig und rückenstärkend

Jede und jeder ist erwählt in der Gemeinschaft der Glaubenden; und jeder hat seinen eigenen Auftrag im Gesamten. Jeder spielt eine wichtige Rolle, die nur er ausfüllen kann. Die Verkündigung des Evangeliums ist eine Gemeinschaftsaufgabe. Wie gesagt, charismatische Einzelprediger mögen auch viel beitragen, aber letztlich ist es die Gemeinschaft, die überzeugt (oder eben auch nicht überzeugt).

Die Klöster, die missionarisch tätig sein wollten, haben das von Anfang an so praktiziert. Ich möchte dies wieder am Beispiel unseres Klosters illustrieren: Zu der Zeit, als unser »Missionsauftrag« noch einzig auf die Menschen in Afrika und Asien bezogen war, lebte ungefähr ein

Drittel aller Mönche als Missionare »draußen« in der Welt. Sie verkündigten das Evangelium in den Entwicklungsländern und halfen beim Aufbau der Infrastruktur.

Der andere Teil blieb in Münsterschwarzach und war damit beschäftigt, für den Nachwuchs zu sorgen: materiell durch handwerkliche Unterstützung, finanziell durch Spendensammeln – und auch geistig durch Briefe und Gebetsgedenken. Man betete für die Mission. Kamen die Missionare in den Heimaturlaub, wurde alles dafür getan, dass sie sich gut erholen konnten.

Andere Mitbrüder in Münsterschwarzach arbeiteten im Fundraising für die Mission. In den Betrieben der Abtei wurden spezielle Gegenstände für die Mission hergestellt. Die Schule hieß »Missionsseminar« und bildete zukünftige Missionare aus. In Klassenräumen standen kleine Sammelboxen, in die die Schüler ihre Spende für die Mission werfen konnten. Kalender wurden (und werden bis heute) verteilt, in denen von der Mission erzählt wird. Kurz – alle zusammen halfen mit an dem einen Projekt »Mission«.

Es war eine gemeinschaftliche Anstrengung und für jeden Mönch das höchste Ziel, einmal selbst in die Mission zu dürfen. Es konnte jedoch, wie gesagt, nur ein kleinerer Teil ausgeschickt werden, denn die anderen wurden zu Hause gebraucht. Doch auch dort waren sie zufrieden, aus der »zweiten Reihe« dieselbe Mission zu unterstützen. Bis heute ist es ein Charakteristikum der Benediktiner, dass sie ihre Missionsarbeit als gemeinschaftliches Werk verstehen. Damit versuchen sie zu leben, was für die ganze Kirche gilt.

Wenn eine Gemeinschaft eine Mission hat, hat sie eine Identität. Sie weiß, wozu sie da ist. Jeder Einzelne weiß, wozu er da ist. Für ein Kloster ist das eine wichtige Sache, weil die Energien gebündelt und sinnvoll genutzt werden. »Müßiggang ist ein Feind der Seele«, sagt der heilige Benedikt.[31] Ein junger Mitbruder antwortete mir einmal auf die Frage, was das Schönste sei, das er als Missionar erlebt habe: »Die

Gemeinschaft.« Wenn wir an der einen Mission mitarbeiten, erfahren wir den Heiligen Geist und Gemeinschaft. Das ist tief erfüllend.

Wenn wir als Gemeinschaft »missionieren«, sind wir nicht nur effektiver, sondern auch authentischer. Wir kommen damit der Vision näher, die Gott von dieser Welt hat. Gott will »einen neuen Himmel und eine neue Erde« schaffen, ein »neues Jerusalem« (Offenbarung 21,1–2). Das Bild, das die geheime Offenbarung wählt für das Reich Gottes, ist die Stadt. Es ist der Ort, an dem die Menschen in Frieden zusammenleben. Wenn wir gemeinsam unseren Glauben bezeugen, können die Menschen an uns ablesen, wie es gelingen könnte.

Benedikt baute sein Kloster Montecassino auf einen hohen Berg, wo es von überall her gesehen werden konnte. Er schreibt am Ende seiner Regel: »Die Mönche sollen gar nichts höher stellen als Christus, der uns alle miteinander zum ewigen Leben führe.« (RB 72,12) Das Projekt »ewiges Leben« ist für ihn ein Gemeinschaftsprojekt, nicht etwa eines, das sich Einzelne irgendwie erkämpfen oder verdienen. In diesem Sinn gibt es nicht »den Missionar«, sondern nur das Team, die Gemeinschaft, die Gruppe der Missionierenden.

Vielleicht können Sie, liebe Leserinnen, liebe Leser, das für Ihre Situation anwenden. Ist es nicht viel einfacher, gemeinsam auf Menschen am Rand zuzugehen? Auf Migranten in unserer Nachbarschaft, auf Alte, um die sich niemand mehr sonst kümmert, auf Kranke, die allein gelassen sind, auf Menschen, die keine Hoffnung haben, weil ihnen die Quelle des Glaubens fehlt. Schließlich macht auch das Gebet viel mehr Freude, wenn man es zusammen tut. Das Feiern sowieso. Auch wenn viel über den Sinn und die Zukunft »der Gemeinde« diskutiert wird, glaube ich, es gibt zu ihr keine Alternative.

Arbeitsteilung ist also ein Charakteristikum von Mission. Diese bezieht sich nicht nur darauf, was es im Projekt Mission alles zu tun gibt. Sie schließt auch das Gebet für die Missionare ein. Man könnte sich fragen, was Jesus eigentlich gemacht hat, während er seine Jünger ausgeschickt hatte. Es ist uns nicht überliefert. Aber wir können uns gut vorstellen, dass er gebetet hat für seine Apostel. »Ich sah den Teufel wie einen Blitz vom Himmel fallen«, sagt er ihnen bei ihrer Heimkehr. Wie konnte er das sehen, wenn er nicht in Gedanken bei seinen Jüngern gewesen wäre?

Diese kontemplative Funktion »im Hintergrund« (oder vielleicht im Vordergrund, wer weiß ...) der missionarischen Tätigkeit wurde von niemandem so beeindruckend gelebt wie von der heiligen Therese von Lisieux (1873–1897). Sicher auch deshalb wurde sie von Papst Pius IX. zur Patronin der Weltmission erklärt, obwohl sie von der Welt so gut wie nie etwas gesehen hat als klausurierte Karmelitin. Sie »überschritt die Grenzen« im Gebet – für die Missionare. So klingt es, wenn sie es selbst erklärt in einem Brief an Pater Adolphe Roulland zu dessen Ausreise in die Mission: »Ich hoffe, mit der Gnade des lieben Gottes mehr als zwei Missionaren nützlich zu sein. (...) Ich kenne die Zukunft nicht. Wenn aber Jesus meine Ahnungen Wirklichkeit werden lässt, verspreche ich Ihnen, auch da droben (d. i. nach dem Tod, im Himmel; Anm. d. Verf.) Ihre kleine Schwester zu bleiben. Weit davon entfernt, aufzuhören, wird unsere Vereinigung noch inniger werden. Dann gibt es keine Klausur mehr, keine Gitter, und meine Seele wird mit Ihnen in die fernsten Missionsgebiete fliegen können. Unsere Rollen werden die gleichen bleiben: Ihnen die Waffen des Apostolates – mir das Gebet.«

Eine weitere wichtige Funktion, die wir füreinander in der Gemeinschaft der Gläubigen übernehmen können, ist die gegenseitige Rückenstärkung. Ein beeindruckendes Beispiel dafür erzählt ein afrikanischer Pfarrer, der eine deutsche Gemeinde betreut: »Von großer Bedeutung war für mich zu Beginn meiner Tätigkeit vor allem die Frage nach der Akzeptanz meiner Person und meines Wirkens in einer Kirche, die von über tausend Jahren Geschichte, Kultur und Traditionen geprägt ist, während meine junge Kirche im Kongo erst hundert Jahre alt ist. Ein halbes Jahr vor meinem silbernen Priesterjubiläum blicke ich mit Freude und Dankbarkeit auf sechzehn schöne und bereichernde Jahre priesterlicher Tätigkeit in der deutschen Kirche. Für mich als ›Importpriester in Deutschland‹ – so wurde ich in einem mit dem NDR gedrehten Dokumentarfilm bezeichnet – gelten als freudigste Momente in meinem Leben die Erfahrungen des Angenommenseins und solche, die mir das Gefühl vermitteln: Du wirst als Priester gebraucht. Dies kann ich an einem Beispiel deutlich machen. Als es im Sommer 2006 bekannt wurde, dass meine jetzige Gemeinde einen aus dem Kongo in Afrika stammenden Priester bekommen sollte, waren einige Gemeindemitglieder nicht davon begeistert und nicht bereit, sich von einem ›schwarzen‹ Priester beerdigen zu lassen. Um mir den Rücken zu stärken, wurde im Dekanat beschlossen, dass kein anderer Priester beziehungsweise Diakon in solchen Fällen die Beerdigung übernehmen sollte. Diese Geschichte wurde mir persönlich erst ein paar Jahre nach meiner Anstellung als Gemeindepfarrer erzählt. Sie hat mich zutiefst berührt, erfreut und gestärkt. Ich fühlte mich dadurch von deutschen Mitbrüdern und Kollegen im Dekanat voll akzeptiert. Auf ihr Vertrauen und ihre Hilfe konnte ich mich verlassen. In der Tat habe ich niemals das Gefühl gehabt: ›Du bist hier nicht an der richtigen Stelle‹. Im Gegenteil, ich werde voll eingebunden im Dekanat, und meine Arbeit wird geschätzt.«

Der Missionar ist verletzlich, weil er in der Fremde ist. Deshalb braucht er Rückendeckung. Dazu gehört auch, dass man als Missionar einen Ort hat, an dem man erzählen kann – innerhalb der Familie sozusagen. Nachdem Jesus seine Jünger ausgesandt hatte, zog er sich nicht etwa zurück und ward nicht mehr gesehen, sondern er wartete auf ihre Rückkehr (Lukas 10,17). Die Jünger begannen voll Freude zu erzählen, was sie erlebt hatten. Als jemand, der sich heraustraut und auf fremde Menschen zugeht, erlebt man so einiges. Nicht nur freudige Dinge. Für die Seelenhygiene aber ist es kostbar, solche belastenden Dinge auch wieder loszuwerden. Zeugnis geben ist ein »Aus-sich-

Herausgehen«; es ist hilfreich, wenn wir das auch innerhalb unserer Gemeinschaften praktizieren. Mir scheint es heute sehr wichtig zu sein, dass zum Beispiel alle, die in der Katechese oder im Religionsunterricht tätig sind – und sie werden schon in gewisser Weise zu Missionaren –, sich immer wieder Zeiten und Räume suchen, wo sie Erlebtes erzählen und loswerden können. Der Austausch verstärkt die erlebte Freude, mindert die erlebte Enttäuschung und fördert neue Ideen für zukünftige Projekte zutage. Wir alle brauchen diese Rückenstärkung.

Zeitweise Außenseiter sein

Der Missionar ist »draußen«. Das kann zur Folge haben, dass er zeitweise ein Außenseiter in seiner eigenen Gemeinschaft ist und sich auch so empfindet. Die Rückendeckung ist eben nicht immer perfekt. Das kann sie auch manchmal gar nicht sein, denn wie sollten die Menschen zu Hause Verständnis für ihn und seine Erlebnisse haben, wenn diese doch völlig neu sind.

Das ist schon immer so gewesen in der Kirche. Schauen wir nur auf die prominentesten Missionare der frühen Zeit, Paulus und Barnabas. Beide entstammen nicht dem Kreis der zwölf Apostel, also jenen offiziell von Jesus »Gesandten«. Das Kriterium, vom Anfang an dazugehört zu haben (vgl. Apostelgeschichte 1,21–22), greift bei ihnen nicht, wohl aber, dass der Herr auch ihnen erschienen ist. Daher müssen sie umso mehr kommunizieren mit den Brüdern und Schwester in Jerusalem. Sie müssen erzählen, was sie unterwegs erlebt haben.

Diese Problematik hat sich bis heute nicht verändert. Missionare sind Grenzgänger in der Kirche selbst und gerade dadurch oft Vorreiter. Meine Bruder-Missionare in China und Korea haben bereits in der ersten Hälfte des letzten Jahrhunderts die Messe nicht mehr mit dem Rücken zum Volk gefeiert, sondern in der Weise, wie sie schließlich durch das Zweite Vatikanum legitimiert wurde. In der Begegnung mit den asiatischen Mitchristen ist ihnen klar geworden, dass sie dazu von Gott gerufen waren. Wahrscheinlich war es dabei auch von Vorteil, dass sie weit weg von Rom waren und man noch keine E-Mail und kein Skype kannte.

Dieses Beispiel zeigt aber auch, dass die Erneuerung der Kirche oft von den Rändern, von den »Missionsgebieten« ausgeht. Das ist ganz natürlich. Die Menschen, die zur bestehenden Gemeinschaft dazustoßen, bringen Veränderung mit sich. Gott sei Dank. Eine Kirche, die den missionarischen Geist verloren hat, wird sich auch nicht mehr erneuern.

Wir dürfen also nicht frustriert sein, wenn wir uns manchmal als Außenseiter empfinden, wenn wir Dinge tun und erleben, die noch nicht von der ganzen Gemeinschaft der Glaubenden akzeptiert oder verstanden werden. Die Aufgabe derer, die zu Hause sind, ist es, den Glauben zu bewahren. Die Aufgabe derer, die hinausgehen, den Glauben zu verbreiten und zu verbreitern.

In gewisser Weise ist die anspruchsvollere Aufgabe die des Missionars. Paulus zum Beispiel muss einen »Preis« dafür zahlen, dass er den Jerusalemern zumutet, auf die Beschneidung neuer, nichtjüdischer Christen zu verzichten. Er muss für die Gemeinde dort Fundraising betreiben: »Nur sollten wir an ihre Armen denken; und das zu tun, habe ich mich eifrig bemüht.« (Galater 2,10)

Missionare haben eine Bringschuld. Da sie das Neuland begehen, können sie nicht erwarten, dass die anderen alles sofort billigen. Sie müssen aktiv den Kontakt zur »Zentrale« und den Etablierten suchen. In gewisser Weise müssen sie gleichzeitig nicht nur nach außen, sondern auch nach innen missionieren.

Wie wichtig ist die Lehre?

Wenn wir unseren Glauben zeigen, dann treten wir in eine Kommunikationssituation ein. Da ist ein »Sender«, da ist ein »Empfänger«, und da ist ein »Inhalt«, der vermittelt wird. Wir wissen aus der Kommunikationstheorie, dass dieser Inhalt aber zu einem sehr hohen Prozentsatz von der Art und Weise der Kommunikation abhängt.

In anderen Worten: Es ist fast egal, *was* der andere sagt. Bei mir kommt zunächst hauptsächlich an, *wie* er es sagt. Der nonverbale Teil der Kommunikation, also das, was ich nicht sage, aber vermittle und ausstrahle, prägt das Gespräch. Daher ist es so wichtig, dass mein Gegenüber mich als einen offenen, freundlichen Menschen erlebt. Wir überzeugen vielleicht mehr, wenn wir jemanden anlächeln oder eine einladende Handbewegung machen, wenn wir unsere Freude mit ihm teilen beim Kochen oder Fußballspielen. »Kommt und seht«, sagt Jesus und lädt die Jünger zu sich nach Hause ein (Johannes 1,39). Seht, wie ich lebe.

Auf der anderen Seite ist auch der Inhalt wichtig. Es kommt nicht nur darauf an, *wie* ich glaube, sondern auch, *was* ich glaube. Beides hat in der christlichen Tradition schon immer eine hohen Stellenwert gehabt: *fides qua* und *fides quae*. Der Inhalt unseres Glaubens gehört sozusagen zum Wie dazu. Wir lehren nicht irgendetwas. Es gibt einen objektiven Inhalt, eine Wahrheit: Gott liebt uns. Er hat diese Erde geschaffen. Er hat seinen Sohn gesandt. Gott ist Mensch geworden. Er hat das Reich Gottes verkündet und vorgelebt. Er hat uns so sehr geliebt, dass er sogar für uns gelitten hat und gestorben ist. Damit hat er ein für alle Mal unser Verhältnis zu Gott wiederhergestellt und die Sünden getilgt. Er hat den Tod besiegt. Er ist von Gott nicht verlassen, sondern auferweckt worden. Er lebt, auch heute. Er ist den Jüngern erschienen, sodass er auch uns erscheinen kann. In der Taufe eröffnet er uns die Tür zum ewigen Leben. Die Kirche verkündet diese frohe Botschaft und versucht sie in ihrem Miteinander zu realisieren.

Ich verliere immer mehr die Furcht, neben einer werbenden und offenen Grundhaltung auch von den Inhalten unseres Glaubens zu sprechen. Es ist nicht gleichgültig, was wir glauben. Es ist auch nicht zweitrangig. Im Sinne der Kommunikationstheorie mag es sekundär sein, nicht aber im Sinne des Glaubens.

Unser Glauben nimmt bei einem ganz konkreten Ereignis seinen Anfang: der Auferstehung Jesu. Papst Benedikt XVI. hat die Auferstehung einmal als einen Epochensprung bezeichnet. Der Benediktiner und Fundamentaltheologe Jeremy Driscoll hat bei einem Vortrag vor amerikanischen Äbten deutlich gemacht, wieso diese Lehre von der Auferstehung Jesu auch der Angelpunkt jeder Evangelisierung ist: Der explizite Missionsauftrag (Matthäus 28,18–20) erfolgte nach der Auferstehung – er setzt diese also voraus.

Der Tod Jesu stellt uns drei bohrende Fragen:

1. Wer ist Gott, dass er den Tod seinen Sohnes zulassen kann?
2. Wer ist Jesus, dass er freiwillig in diesen Tod geht und nicht davonläuft?
3. Wer sind die Jünger, die diesen völlig sinnlosen Tod mitansehen müssen?

Drei Tage lang sind die Jünger mit diesen Fragen allein gelassen, nicht wissend, ob sie je eine (überzeugende) Antwort erhalten werden. Doch am Ostermorgen erhalten sie sie:

1. Gott ist der, der seinen Sohn und keinen seiner Söhne und Töchter je verlässt, sondern sie sogar aus dem Tod holt.
2. Jesus ist der, der von Gott von den Toten auferweckt wurde.
3. Die Jünger sind die, die Zeugnis geben von der Auferstehung.

Zeugenschaft nimmt also am leeren Grab seinen Anfang. Ohne Ostern keine Mission. Natürlich bleibt es eine Aufgabe, in unserer Katechese oder im Religionsunterricht, im Gespräch mit den Nachbarn oder unseren eigenen Kindern oder Enkeln die Beziehungsebene nicht von der Inhaltsebene überdecken zu lassen. Früher war das oft der Fall. Man hat den Inhalt in die jungen Menschen »hineingepeitscht«, was viele Verletzungen bewirkt hat, die bis heute nachwirken. Auf der anderen Seite haben das Fokussieren auf Authentizität allein und das totale Anpassen an die subjektive Aufnahmebereitschaft der Zielgruppe auch nichts mit der Ausbreitung des Evangeliums zu tun. Das Pendel ist hier sicherlich auf die andere Seite ausgeschlagen. Meine Erfahrung ist: Je weniger die Menschen, mit denen ich zu tun habe, von den Inhalten des christlichen Glaubens wissen, desto interessierter lauschen sie, wenn ich versuche, die Worte zu finden, um ihnen davon zu erzählen.

Dabei ist der Inhalt unserer Verkündigung wirklich einfach und kurz (die vielen Beigaben kamen später und haben unterschiedliche Relevanz). Paulus fasst die Botschaft im ersten Korintherbrief (15,2–8) zusammen: sterben – begraben werden – auferweckt werden – erscheinen. Das ist's. »Denn vor allem habe ich euch überliefert, was auch ich empfangen habe: Christus ist für unsere Sünden gestorben, gemäß der Schrift, und ist begraben worden. Er ist am dritten Tag auferweckt worden, gemäß der Schrift, und erschien dem Kephas, dann den Zwölf. Danach erschien er mehr als fünfhundert Brüdern zugleich; die meisten von ihnen sind noch am Leben, einige sind entschlafen. Danach erschien er dem Jakobus, dann allen Aposteln. Als Letztem von allen erschien er auch mir, dem Unerwarteten, der ›Missgeburt‹.«

Wenn wir Jesus ohne den Glauben an die Auferstehung verkünden, ist er ein spiritueller Lehrer wie jeder andere. Ein sehr netter sicherlich und beeindruckender. Aber ein auswechselbarer. Wir werden dann aber irgendwann die Energie und die Motivation verlieren, überhaupt aus uns herauszukommen und vom Glauben zu sprechen – warum sollten wir? Das historische Ereignis von Tod und Auferstehung Jesu brachte und bringt alles in Schwung. Auch heute noch. Die drei Tage der offenen Fragen sind auch für uns Jünger von heute wichtig. Wir müssen einander Zeit geben, die Inhalte von innen her zu verstehen. So wie Gott den Jüngern damals Zeit gab. Zeiten des Zweifelns, der Ungewissheit und des Suchens gehören zu unserem Glauben dazu. In Glaubensgesprächen kann es manchmal besser sein, nur Fragen zu stellen, als gleich Antworten zu geben. Fragen, die einen Raum eröffnen, in dem Antworten wachsen können.

Nach Hause zu Jesus zurückkehren

Liebe Leserinnen, liebe Leser, mit den folgenden Kapiteln wende ich mich insbesondere an die Menschen, die aus einer größeren Identifikation mit Kirche und Glaube heraus leben wollen, beruflich oder/und privat. Manche Gedanken und manches Vokabular mögen also für »Einsteiger« etwas zu steil sein. Damit möchte ich Sie nicht vom Weiterlesen abhalten. Was Ihnen aber zu schwierig und zu weit von Ihrem Alltag entfernt scheint, können Sie einfach beiseitelassen; was Ihnen dagegen hilfreich und gut erscheint, können Sie getrost mit auf Ihren Weg nehmen.

Die Weitergabe des Glaubens geht von Jesus aus und findet auch in ihm ihr Ziel. So wie die Jünger nach ihrer Reise wieder zu ihm zurückkehren, so ist auch unser Herz, wenn es denn ausgegangen und übergegangen ist, eingeladen, wieder zu Jesus heimzukehren. Wenn wir daran glauben, dass Jesus in jedem Menschen wohnt, dann sind wir schon heimgekehrt, wenn wir ihm in unserem Mitmenschen begegnen. Jede Art des Zeugnisgebens ist radikal christozentrisch.

Timothy Kardinal Dolan von New York beschrieb es einmal so: »Eine dritte notwendige Zutat im Rezept für eine effektive Mission ist, dass Gott den Durst des menschlichen Herzens nicht mit einer These stillt, sondern mit einer Person, deren Name Jesus ist. Die implizite Einladung zur Mission ›ad gentes‹ und der neuen Evangelisierung ist keine Doktrin, sondern eine Einladung zu wissen, zu lieben und zu dienen – und zwar nicht etwas, sondern jemanden.«[32]

Der Missionar Paulus, so viel er auch unterwegs war und erlebt hat, speiste seine Aktivität kontinuierlich aus einer intimen Christusbeziehung. Seine Liebe zu Christus war so stark, dass sie zu einer mystischen Einheit führte: »Nicht mehr ich lebe, sondern Christus lebt in mir.« (Galater 2,20) Paulus sieht sich ganz von Christus ergriffen (Philipper 3,12).

Auch die Theologie des Evangelisten Johannes kennt diese innige Beziehung. Der Apostel, der beim Abendmahl an Jesu Brust lag und dem Jesus seine Mutter anvertraute, berichtet die Worte: »Ich bin der Weinstock, ihr seid die Reben. Wer in mir bleibt und in wem ich bleibe, der bringt reiche Frucht.« (Johannes 15,5) Missionarische Fruchtbarkeit ist nur im Einssein und in Intimität mit Christus möglich.

Der Preis

Es kann dich dich kosten

Wir haben noch nicht wirklich über den Preis der Glaubensweitergabe gesprochen. Wir haben meditiert, wie bereichernd es sein kann, in Glaubensfragen anderen Menschen zu begegnen. Und so ist es in den meisten Fällen. Es muss aber nicht immer so erfreulich abgehen. Vielleicht hat Jesus das angedeutet, als er sagte: »Ich sende euch wie Schafe mitten unter die Wölfe.« (Lukas 10,3) Selbst wenn ich freundlich auf jemanden zugehe, wehrlos und verletzlich wie ein Schaf, kann es passieren, dass ich auf den Unwillen oder gar die Aggression des anderen stoße. Jesus ist nicht naiv. Er hat seine Jünger darauf vorbereitet.

Es gibt graduelle Unterschiede in der Ablehnung. Wir tun gut daran, diese Abstufungen im Auge zu behalten, um im Fall einer Ablehnung nicht sogleich in eine »Märtyrerattitüde« zu verfallen. Grob gesprochen gibt es das Ignorieren, Diskriminieren und Verfolgen.

Das Ignorieren ist eine passive Form der Aggression. Der Angesprochene sagt nicht: »Nein, damit kann ich nichts anfangen«, aber er lässt es uns spüren, dass er das Gezeigte nicht gutheißt. Dies kann sich in einem Naserümpfen zeigen oder darin, dass der andere mich einfach stehen lässt. Das ist unangenehm, sollte uns aber nicht weiter beschäftigen. Zeit, die Füße auszuschütteln.

Die Diskriminierung hingegen ist eine gravierendere Form der Ablehnung. Weil jemand zum Beispiel von meinen religiösen Überzeugungen weiß, gibt er mir einen Job nicht, obwohl ich dafür qualifiziert wäre. In China ist das Realität, hier werden in weiten Teilen Katholiken diskriminiert. In der DDR war es gang und gäbe, Katholiken oder Christen, die ihren Glauben »zu ernst« nahmen, von Formen der Weiterbildung und so weiter auszuschließen. In der Türkei ist der Bau von Kirchen nahezu unmöglich, die Priesterseminare bleiben geschlossen. Hier müssen Christen Benachteiligung hinnehmen.

Die Verfolgung schließlich ist der härteste Fall, dem man als Christ begegnen kann, wenn man zu seinem Glauben steht. In unseren Breiten gibt es sie Gott sei Dank nicht, sie ist aber weiter verbreitet auf der Welt, als wir oft annehmen. Heute werden so viele Christen wie noch nie in der Geschichte diskriminiert, verfolgt und auch getötet.

Die Hilfsorganisation »Open Doors« nennt in ihrem Weltverfolgungsindex fünfzig Staaten, in denen Christen wegen ihres Glaubens verfolgt werden. Am schlimmsten ist die Situation im kommunistischen Nordkorea, wo Christen willkürlich verhaftet und Gottesdienste überwacht werden. Den Gläubigen droht Gefängnis, Arbeitslager oder die Hinrichtung. Doch auch in Staaten wie dem Iran, Afghanistan, Saudi-Arabien oder sogar den Malediven werden Christen unterdrückt.

Die Verfolgung kann zum Tod führen. Wir nennen Menschen, die getötet wurden, weil sie zu ihrem Glauben standen, »Märtyrer«, das heißt übersetzt: Blutzeugen. Sie geben das stärkste Zeugnis, das ein Mensch geben kann. Wenn er den Tod in Kauf nimmt, um auf Christus hinzuweisen, dann bezeugt er damit, dass Christus ihm wichtiger ist als sein eigenes Leben. Das macht natürlich überhaupt nur Sinn, wenn man an die Auferstehung glaubt.

Leider ist das Bild des Martyriums durch die Selbstmordattentäter in Misskredit geraten: Menschen, die sich aus religiöser Überzeugung in die Luft sprengen, dabei andere »Ungläubige« mit in den Tod reißen und auf einen besonderen Lohn im Himmel hoffen. Der christliche Märtyrer hat damit nichts gemein. Sein Tod ist mit keinem Deut aggressiv. Er ist das reine Erdulden als Konsequenz eines christlichen Lebens. Im Gegenteil: Der Märtyrer erleidet lieber selbst Ungerechtigkeit und Tod, als dass er anderen Unrecht tun würde.

Die Kirche gedenkt der vielen Märtyrer ihrer Geschichte, aber es gibt sie auch heute noch. Der »Fidesdienst« des Vatikans stellt in seinem Jahresbericht fest, dass im Lauf des Jahres 2012 insgesamt zwölf Mitarbeiter der Kirche ermordet wurden, darunter zehn Priester, eine Ordensschwester und ein Laie.

Missionieren kann lebensgefährlich sein. Die ersten Missionare waren die zwölf Apostel. Alle bis auf einen sind für Christus einen gewaltsamen Tod gestorben. Jesus hatte sie allerdings auf diese Möglichkeit hingewiesen: »Der Jünger muss sich damit begnügen, dass es ihm geht wie seinem Meister.« (Matthäus 10,25) Jesus selbst hat den Extremfall des Zeugnisgebens erlebt. Seine Botschaft und seine Art zu leben wurden abgelehnt, er wurde zum Tode verurteilt und hingerichtet. Eine krassere Form der Ablehnung kann man sich nicht vorstellen.

Jesus war total authentisch. Er hat geheilt. Er hat Menschen von den Toten erweckt. Und wurde trotzdem abgelehnt. Es scheint, dass die frohe Botschaft vom nahen Reich Gottes die Ablehnung eben auch einschließen kann. Möge Gott geben, dass wir nie in entsprechende Situationen kommen. Möge er uns aber auch im Alltag die Kraft geben, zu unserem Glauben zu stehen.

Es geht um das Aufstehen für die Wahrheit. Es geht um das Einstehen für eine tiefere Überzeugung. Kein Märtyrer hat je das Martyrium gesucht. Es haben sich stattdessen Situationen ergeben, in denen diese Menschen die Wahl hatten, zu ihrem Glauben zu stehen oder eben nicht. Zum Glauben stehen zu können, selbst in schwierigen Situationen, ist ein Geschenk. Oft gelingt es uns nicht. Oft sind wir hasenfüßig, drücken uns herum, so wie Petrus, als er zunächst Jesus am Vorabend vor seinem Tod in das Haus des Hohepriesters gefolgt war. »Du bist doch auch einer von ihnen«, sagt eine Frau zu ihm.

»Nein, das bin ich nicht!« Dreimal hat Petrus Jesus verleugnet – aus Angst um sich selbst.

Ich habe hier die Extreme der Ablehnung aufgezeichnet, um uns zu ermutigen, dass wir, wenn wir einmal ein bisschen Gegenwind bekommen, nicht gleich verzagt sind. Uns geht es doch sehr gut. Religionsfreiheit ist in unserer Gesellschaft weitgehend realisiert. Für uns ergeben sich vielleicht eher einmal Situationen, zum Beispiel im Berufsleben, in denen wir unangenehme Wahrheiten ansprechen müssen und dadurch einen Nachteil riskieren. Der Blick auf den »Extremfall« der Ablehnung kann uns lehren, wozu wir im Zeugnisgeben gerufen sind: zur Wahrheit zu stehen und im Zweifel eher an Gott und unsere Mitmenschen zu denken als an uns selbst.

Das ist ein weiterer zentraler Unterschied zu den Selbstmordattentätern: Der christliche Märtyrer geht in den Tod *für* einen anderen, damit er das Leben hat. Ein gutes Beispiel dafür ist der Franziskanerpater Maximilian Kolbe (1894–1941). Pater Kolbe hatte als Verleger in der Nazi-Zeit aufopferungsbereit katholische Schriften in Polen verlegt. Als er im KZ Auschwitz sah, dass das Opfer seines Lebens das eines Familienvaters retten könnte, zögerte er nicht und ließ sich in den Hungerbunker sperren. Der Familienvater überlebte. Pater Kolbe hatte für ihn sein Leben gegeben.

Es ist faszinierend zu sehen, dass dort, wo jemand sein Leben für Christus gegeben hat, eine besonders intensive Verehrung Gottes und Weitergabe des Glaubens entstehen. Das ist überall auf der Erde so. Die Kirchen sind zumeist auf den Gräbern der Märtyrer gebaut worden. Ein bekanntes Beispiel sind die Gräber von Petrus und Paulus in Rom. Uganda feiert seine Märtyrer, so tut es Korea und tun es viele andere Länder. Das Blut der Märtyrer ist der Samen für neue Christen. Es fällt wie ein Samen auf die Erde und bringt reiche Frucht – das ist das Bild, das die Kirche benutzt, um das Unbegreifliche irgendwie begreifbar zu machen. Das Zeugnis wirkt nicht nur hinaus und bewegt Menschen, sich zu Christus zu bekehren, es wirkt auch nach innen. Es ist ermutigend und bestärkt die Gläubigen. Zwei Mitbrüder unseres Klosters wurden in den 50er-Jahren des 20. Jahrhunderts in einem nordkoreanischen Konzentrationslager ermordet.[33] Dieses Zeugnis bewegt unsere Gemeinschaft bis heute; in gewisser Weise verpflichtet es: Sie sollen nicht umsonst gestorben sein.

Grundsätzlich bedeutet die Ablehnung des Botschafters nicht das Ende der Botschaft. Das galt für Christus, und das gilt auch für die Kirche. Die Mission der Christen hat sich in gewisser Weise sogar aus der Verfolgung der frühen Christen entwickelt. Es war ein einfaches Prinzip: Wenn wir hier nicht akzeptiert werden, gehen wir woanders hin. Die Verfolger haben also eher das Gegenteil von dem erreicht, was ihr Ziel war. Die Apostelgeschichte erzählt: »Das Wort des Herrn aber verbreitete sich in der ganzen Gegend. Die Juden jedoch hetzten die vornehmen gottesfürchtigen Frauen und die Ersten der Stadt auf, veranlassten eine Verfolgung gegen Paulus und Barnabas und vertrieben sie aus ihrem Gebiet. Diese aber schüttelten gegen sie den Staub von ihren Füßen und zogen nach Ikonion. Und die Jünger waren voll Freude und erfüllt vom Heiligen Geist. In Ikonion gingen sie ebenfalls in die Synagoge der Juden und redeten in dieser Weise, und eine große Zahl von Juden und Griechen wurde gläubig.« (Apostelgeschichte 13,49–14,1)

Das Martyrium ist ein Spezialfall des Zeugnisses. Das Prinzip, das dahintersteht, ist jedoch im Zentrum jeder christlichen Spiritualität. Es geht um die *Kenosis*, wie es das Neue Testament nennt. Das bedeutet die »Entleerung«, die »Entäußerung«, das Loslassen, das Sich-Hingeben, das uns Christus vorgelebt hat: »Er war Gott gleich, hielt aber nicht daran fest, wie Gott zu sein, sondern er entäußerte sich und wurde wie ein Sklave und den Menschen gleich. Sein Leben war das eines Menschen; er erniedrigte sich und war gehorsam bis zum Tod, bis zum Tod am Kreuz.« (Philipper 2,6–8) Wenn ich mich »leer« mache, um ganz »Gott-voll« zu werden, werde ich ein lebendiges Zeugnis für Gott.

Papst Johannes Paul II. widmete in seiner Enzyklika *Redemptoris Missio* ein Kapitel der »Missionarischen Spiritualität«. Er schrieb: »Hier wird das Geheimnis der Menschwerdung und der Erlösung als totale Selbstentäußerung beschrieben, die Christus dazu führt, den Zustand des Menschseins ganz zu leben und dem Plan des Vaters bis zum Äußersten nachzukommen. Es handelt sich um eine tiefe Entsagung, ja Selbstentleerung, die jedoch von Liebe durchdrungen und Ausdruck der Liebe ist. Die Mission durchläuft denselben Weg und hat ihren Zielpunkt am Fuße des Kreuzes. Vom Missionar wird verlangt, ›sich selbst und allem, was er bislang als sein angesehen hat, zu entsagen, um allen alles zu werden‹ (vgl. 1 Korinther 9,22): in der Armut, die ihn frei macht für das Evangelium, im Abstand zu Personen und Gütern seiner Umgebung, um zum Bruder derer zu werden, zu denen er gesandt ist, um ihnen Christus, den Erlöser, zu bringen. Das ist das Ziel, auf welches die Spiritualität der Missionare hinausläuft: ›Den Schwachen wurde ich ein Schwacher ... Allen bin ich alles geworden, um auf jeden Fall einige zu retten. Alles aber tue ich um des Evangeliums willen‹ (1 Korinther 9,22–23).«

Wenn ich »aus mir herausgehe«, dann verlasse ich mein Ego. Ich folge dem, was Gott will – unabhängig davon, wie die Konsequenzen aussehen –, im tiefen Glauben, dass Gott das Beste für mich und alle Menschen will. Wir benutzen in unserem spirituellen Sprachgebrauch oft das Wort »loslassen«. Das ist hier freilich gemeint: Indem ich mich im Loslassen in die Arme Gottes fallen lasse, zeige ich auf Gott: »Es gibt keine größere Liebe, als wenn einer sein Leben für seine Freunde hingibt«, sagt Jesus im Johannesevangelium (15,13).

»Das ist Mission: Den Menschen lieben, ihn heilen, ihn unterweisen, ihn selbstbewusst machen, ihn erziehen, in ihm das Gefühl der Solidarität entwickeln, ihn würdig machen und frei, fähig zur Antwort auf seine ewige Bestimmung. Das ist Mission.« (Michael Kayoya, Priester aus Burundi, 1972 ermordet)

Sorgt nicht für eure Verteidigung!

Wie sollen wir reagieren, wenn unser Zeugnis auf Ablehnung stößt? Vor allem dann, wenn uns die Ablehnung wirklich »trifft«, wenn sie mit Aggression verbunden ist? Zunächst könnten wir uns fragen, ob in unserem Zeugnis vielleicht eine versteckte Aggression enthalten war. Wir können daran arbeiten, diese loszuwerden. Trotzdem mag es den Fall geben, in dem wir wirklich als »Schafe« kamen, die Entgegnung aber die von »Wölfen« ist. Was tun?

An den theologischen Fakultäten wurde früher das Fach »Apologetik« gelehrt. Nach dem Zweiten Vatikanischen Konzil wurde es in »Fundamentaltheologie« umbenannt. Diese Disziplin beschäftigt sich mit den Grundlagen des christlichen Glaubens, besonders im Dialog mit philosophischen Ansätzen. In der Vergangenheit aber ging es darum, den christlichen Glauben auch theoretisch zu »verteidigen« (griech. *apologein*). Ich glaube, es macht Sinn, gegen so manche Vorwürfe, die man als Christ zu hören bekommt, gute Argumente bereitliegen zu haben. Denn manche Vorhaltungen wiederholen sich oder sind nicht besonders originell. Letztlich aber liegt unsere Überzeugungskraft nicht auf einer Ebene, in der man miteinander argumentiert und streitet.

Jesus sagt im Lukasevangelium: »Wenn man euch vor die Gerichte der Synagogen und vor die Herrscher und Machthaber schleppt, dann macht euch keine Sorgen, wie ihr euch verteidigen oder was ihr sagen sollt. Denn der Heilige Geist wird euch in der gleichen Stunde eingeben, was ihr sagen müsst.« (Lukas 12,11–12)

Warum empfiehlt uns Jesus das? Der Beginn dieser Evangeliumspassage macht es deutlich: »Euch aber, meinen Freunden, sage ich: Fürchtet euch nicht vor denen, die den Leib töten, euch aber sonst nichts tun können. Ich will euch zeigen, wen ihr fürchten sollt: Fürchtet euch vor dem, der nicht nur töten kann, sondern die Macht hat, euch auch noch in die Hölle zu werfen. Ja, das sage ich euch: Ihn sollt ihr fürchten. Verkauft man nicht fünf Spatzen für ein paar Pfennig? Und doch vergisst Gott nicht einen von ihnen. Bei euch aber sind sogar die Haare auf dem Kopf alle gezählt. Fürchtet euch nicht! Ihr seid mehr wert als viele Spatzen.«

Sobald die Apologetik aus der Angst gespeist ist, hat sie nichts mehr mit dem Evangelium zu tun. Wie kann man Zeugnis von der Liebe Gottes geben, wenn man gleichzeitig nicht zutiefst glaubt, dass einen Gott bewahrt und leitet? Jede eigenmächtige Verteidigung wäre dabei ein Zeichen von Unglauben und verfehlt daher ihre Wirkung: »Nehmt euch fest vor, nicht im Voraus für eure Verteidigung zu sorgen; denn ich werde euch die Worte und die Weisheit eingeben, sodass alle eure Gegner nicht dagegen ankommen und nichts dagegen sagen können.« (Lukas 21,14–15)

In unseren Breiten begegnet man selten direkter Aggression aufgrund der eigenen Religiosität. Passive Aggression aber mag schon einmal vorkommen. Ich erinnere mich, wie ich am Frankfurter Flughafen bei der Ausreise an der Passkontrolle stand. Ich war anders als bei meinen vorigen Reisen mit dem Priesterhemd bekleidet. Nachdem der Zollbeamte meinen Priesterkragen erblickt hatte, begann er intensiv in meinem Reisepass zu blättern. Es schien, als wollte er mich besonders genau kontrollieren. Bislang war die Kontrolle bei der Ausreise immer eine Sache von Sekunden gewesen. Ich war mit dem Pass schon viele Male ein- und ausgereist, was die Stempel deutlich belegten. Der Pass war auch noch nicht abgelaufen. Trotzdem blätterte der Beamte hin und her. Schließlich fand er tatsächlich etwas: Das Siegel des Ausstellungsortes fehlte. Das hatte noch nie ein Beamter vor ihm bemerkt. Dieser aber sagte nun, ich könne nicht ausreisen, weil der Pass ungültig sei. Ich fand das lächerlich, hielt mich aber Gott sei Dank zurück. Er ließ mich lange »zappeln«. Schließlich durfte ich passieren, ohne dass irgendeine weitere Begründung gegeben wurde. Ich glaube, es war gut, dass ich mich nicht habe einschüchtern lassen, mich aber gleichzeitig auch nicht verteidigt habe. So ließ sich die Situation am ehesten entschärfen.

Was man liebt, verteidigt man. Wenn Ihre Kinder angegriffen würden, würden Sie sie sofort verteidigen. Daher ist der Reflex eines Christen verständlich, sich zu verteidigen, wenn jemand das, was ihm lieb und kostbar ist, angreift. Er ist aber nicht immer hilfreich. Wenn wir uns aus Angst verteidigen, machen wir uns nur schwächer und angreifbarer. Wenn wir uns stattdessen tief im Glauben und im Gebet verwurzeln, dann bleibt unser Zeugnis aufrechterhalten. Wir brauchen Gott nicht zu verteidigen. Er verteidigt sich selbst. Es ist schon zu viel Unrecht geschehen, wenn wir Menschen versucht haben, ihn zu verteidigen. Gott ist viel stärker und kann das viel besser.

Manchmal allerdings müssen und dürfen wir *uns selbst* verteidigen, denn Gott ruft nicht jeden und zu jeder Zeit zum Martyrium. Schließlich gibt uns Jesus auch diese Empfehlung: »Gebt das Heilige nicht den Hunden und werft eure Perlen nicht den Schweinen vor, denn sie könnten sie mit ihren Füßen zertreten und sich umwenden und euch zerreißen.« (Matthäus 7,6) Auch wenn wir das Heilige nicht verteidigen müssen, so sollten wir uns selbst doch manchmal schützen. Jesus will, dass sich das Heilige verbreitet, nicht, dass wir zugrunde gehen. Es ist nicht zu jeder Zeit richtig, das Heilige zu zeigen. Wenn wir ahnen, es könnte vom Zuhörer unter den Füßen zertrampelt werden, wenn wir spüren, der andere hat im Moment keinen Sinn dafür oder will diesen Sinn gar nicht haben, dann sollten wir unsere Schatztruhe lieber geschlossen halten. Die Perlen herauszuholen würde weder den Perlen noch dem Zuhörer noch uns weiterhelfen.

Ich möchte auch noch auf etwas eingehen, das ich zu Anfang dieses Buches bewusst ausgelassen habe: Als Jesus die zweiundsiebzig Jünger aussendet, gibt er ihnen für den Fall, dass sie abgelehnt werden, noch Folgendes mit auf die Reise: »Wenn ihr aber in eine Stadt kommt, in der man euch nicht aufnimmt, dann stellt euch auf die Straße und ruft: Selbst den Staub eurer Stadt, der an unseren Füßen klebt, lassen wir euch zurück; doch das sollt ihr wissen: Das Reich Gottes ist nahe. Ich sage euch: Sodom wird es an jenem Tag nicht so schlimm ergehen wie dieser Stadt. Weh dir, Chorazin! Weh dir, Betsaida! Wenn einst in Tyrus und Sidon die Wunder geschehen wären, die bei euch geschehen sind – man hätte dort in Sack und Asche Buße getan. Tyrus und Sidon wird es beim Gericht nicht so schlimm ergehen wie euch. Und du, Kafarnaum, meinst du etwa, du wirst bis zum Himmel erhoben? Nein, in die Unterwelt wirst du hinabgeworfen. Wer euch hört, der hört mich, und wer euch ablehnt, der lehnt mich ab; wer aber mich ablehnt, der lehnt den ab, der mich gesandt hat«. (Lukas 10,10–15)

Wir tun uns schwer mit diesen Wehe-Rufen Jesu. Sie lenken aber den Blick weg von uns selbst hin auf die, an die die Botschaft und das Angebot des Glaubens gerichtet waren. Wie schade, dass diese Menschen Jesu Ruf nicht folgen konnten oder wollten. Sie schaden sich damit selbst, weil sie ein Angebot des Heils und der Heilung ablehnen. Es wird ihnen »weh« tun, wenn sie eines Tages den Überblick über ihr gesamtes Leben haben werden.

Das Angebot des Glaubens sollte also immer aufrechterhalten bleiben. Die Botschaft an sich müssen wir nicht verteidigen. Uns selbst hingegen manchmal schon. Stattdessen dürfen wir Mitleid haben mit denen, die sich gegen die Gnade Gottes gewandt haben. Und wir sollten für sie beten, dass sie eines Tages das Angebot Gottes annehmen können.

Darum geht es –
Grundzüge des Missionarischen

Jesus sendet uns. Das ist der Grund, dass wir seine Botschaft weitertragen sollen. Er ist die tiefste und eigentliche Motivation, unseren Glauben zu zeigen. Diese Berufung hat sich im Lauf der Jahrhunderte verschieden ausgedrückt und ausformuliert.[34] In den vergangenen Jahrhunderten waren die Christen in der Mission besonders von der Überzeugung angetrieben, dass alle Menschen, die nicht bekehrt und getauft sind, ewig zugrunde gehen werden. Ihr Hauptmotiv war also, Seelen zu retten. Sie wussten: Wenn wir den Menschen Gott nicht verkündigen, dann laufen sie Gefahr, nicht gerettet zu werden und ihr ewiges Heil und ihre letzte Bestimmung zu verpassen.

Diese Motivation dient heute offenkundig nicht mehr. Was aber könnten die spirituellen Motive sein, die uns bewegen? Wie könnten wir »Mission« heute neu definieren? Ich sehe als mögliche Beweggründe: den Glauben anbieten, zur Freiheit befreien, Compassion üben, mit der Ankunft Jesu rechnen, international vernetzt sein, andere Religionen kennenlernen und präsent sein. Diese Aspekte fassen in gewisser Weise das bisher Gesagte zusammen und versuchen es zu verdichten. Sie versuchen zu realisieren, was sich Papst Johannes Paul II. gewünscht hat, als er den Begriff der »Neuevangelisierung« prägte: Sie sollte »*neu* in ihrem *Eifer*, *neu* in ihren *Methoden* und *neu* in ihren *Ausdrücken*« sein.

Den Glauben anbieten

»*Propose la foi*«, »den Glauben anbieten« haben die französischen Bischöfe im Jahr 2000 den neuen Ansatz genannt, wie sie Mission in ihrem eigenen Land definieren wollen. Natürlich könnte man einwenden, dass man damit Religion und Glaube den Gesetzen des Marktes unterwirft und so entwertet. Christentum als ein Angebot neben vielen anderen – de facto ist es das aber! Und auch vom christlichen Selbstverständnis her kann es gar nichts anderes geben, als »den Glauben anzubieten«. Gottes Wahrheit ist absolut, aber er bietet sie uns an. Nichts anderes hat Jesus getan. Er hat niemals jemanden zum Glauben gezwungen. Glaube beinhaltet die freie Entscheidung für Gott. Zwang zum Glauben widerspricht dem Glauben selbst. Wir können das klar an Jesu Handeln ablesen. Er führt zum Beispiel die Samariterin am Jakobsbrunnen sanft und geduldig zu ihrer eigenen Wahrheit, ohne moralisch zu sein, bis sie sie selbst ergreifen kann – und mit ihr den Glauben (Johannes 4,5–42).

Ich glaube, dass dieser Ansatz uns befreien kann vom Übergewicht eines falsch verstandenen Absolutheitsanspruchs. Evangelisierung wird leichter. Wir machen einen Vorschlag. Wir bieten den Glauben an. Das ist alles. Aber das ist sehr viel! Wir sind offen für die Tatsache der anderen »Anbieter auf dem Markt«, und wir sind offen für eine mögliche Ablehnung. Diese Offenheit macht den christlichen Glauben nach meiner Überzeugung nicht schwächer, sondern stärker und attraktiver.

Wenn wir den Glauben als ein Angebot sehen, ist klar, dass wir uns beim Anbieten von den Bedürfnissen derer leiten lassen müssen, die uns gegenüberstehen. »Höre« (*ausculta*), das erste Wort der Benediktsregel, ist auch die Grundhaltung des Missionars. Er ist aufgerufen, aufmerksam zu sein: Was sind die Bedürfnisse des Menschen, der mir begegnet? Was braucht er wirklich? Nur wenn ich zuhöre und achtsam bin, kann ich darauf Antwort geben.

Als ich als Leiter unseres Klosterverlages gearbeitet habe, schloss sich für mich wirtschaftliches Denken auf, was für einen Theologen, einen Geisteswissenschaftler, ein ziemlich großer Sprung war. Als Theologe beschäftigt man sich eher mit den Inhalten als mit dem Verkaufen. Ich habe in dieser Hinsicht aber viel von der Wirtschaft gelernt. Als guter Geschäftsmann bediene ich die Bedürfnisse der Menschen. Ich muss also zuerst wahrnehmen, was ihre tatsächlichen Bedürfnisse sind. Die Kirchen antworten oft auf Fragen, die die Menschen nicht stellen.

Wie aber kann ich das tun, indem ich aus dem Schatz der Tradition und des Glaubens schöpfe und aus ihm »Altes und Neues hervorhole«, wie der heilige Benedikt formuliert?[35] Welcher Teil des Evangeliums tut den Menschen heute besonders gut oder not? Das sind die Fragen, die wir uns stellen müssen. Das Zweite Vatikanische Konzil hat programmatisch diese Zugehensweise empfohlen, indem es in der Pastoralkonstitution sagt: »Freude und Hoffnung, Trauer und Angst der Menschen von heute, besonders der Armen und Bedrängten aller Art, sind auch Freude und Hoffnung, Trauer und Angst der Jünger Christi. Und es gibt nichts wahrhaft Menschliches, das nicht in ihren Herzen seinen Widerhall fände.«[36]

Ich erinnere mich an die Inhaberin einer kleinen evangelischen Buchhandlung, die in etwas abwertendem Ton davon sprach, wie viele Lehrer einer nahegelegenen katholischen Schule doch zu ihr kämen und einkauften. »Die kommen doch nur, weil der Weg kürzer ist als zur katholischen Buchhandlung.« Ja und? Das ist ihr Bedürfnis: kurze Wege beim Bücherkaufen. Sie haben wohl wenig Zeit, zu einer weiter entfernten katholischen Buchhandlung zu gehen. Es wundert einen nicht, dass diese Buchhandlung wenig später schließen musste. Wenn ich die Bedürfnisse meiner Kunden bewerte, statt sie zu bedienen, werde ich wirtschaftlich nicht auf einen grünen Zweig kommen.

Nun ist die Kirche nicht dafür da, alle möglichen Bedürfnisse zu bedienen. Ebenso wenig muss sie jetzt wie viele andere Unternehmen an der »Bedürfnisweckung« arbeiten, also Bedürfnisse herstellen, wo gar keine sind. Sie darf die Bedürfnisse der Menschen durchaus im Licht des Evangeliums bewerten. Sie sollte das immer in Respekt und Liebe tun, wahrnehmend, was die Menschen eigentlich brauchen. Ein geniales Beispiel dafür ist der heilige Paulus auf dem Areopag, dem Marktplatz von Athen. Als er über den Markt streift, sieht er zunächst viele Götzenbilder, und es packt ihn »heftiger Zorn« (Apostelgeschichte 17,16). Kurz darauf aber hat er sich schon wieder gefasst: »Athener, nach allem, was ich sehe, seid ihr besonders fromme Menschen. Denn als ich umherging und mir eure Heiligtümer ansah, fand ich auch einen Altar mit der Aufschrift: einem unbekannten Gott. Was ihr verehrt, ohne es zu kennen, das verkünde ich euch.« (Apostelgeschichte 17,22–23)

Dass Paulus »den unbekannten Gott« mit dem Gott Jesu Christi identifiziert, sieht zunächst aus wie ein Trick. In Wirklichkeit aber knüpft er nur an ein Bedürfnis der Athener an. Diese hatten aus Angst, einen der vielen Götter in ihrem Götterhimmel zu vergessen, diesen Altar dem »unbekannten Gott« gewidmet. Indem nun Paulus sagt: Ja, dieser euch noch unbekannte Gott ist der Gott Jesu Christi, nimmt er den Athenern die Angst. Vor diesem Gott müsst ihr keine Angst mehr haben. Er liebt die Menschen. Er ist selbst Mensch geworden, sodass wir ihn sehen und erleben konnten. Paulus macht den Athenern das bessere Angebot.

Wenn wir so vorgehen, verraten wir das Evangelium nicht. Denn die vier Evangelisten selbst haben die Botschaft, die ihnen übergeben wurde, auf die Bedürfnisse und die Situation ihrer je eigenen Gemeinde zugeschnitten, wie wir heute sicher wissen. Die Botschaft selbst können und dürfen wir nicht »zuschneiden«, wohl aber das Wie ihrer Vermittlung. Der missionarische Zorn, der Paulus kurzfristig ergreift, ist auch nicht sofort zu verdammen. Der Zorn hilft ihm, seine eigene

Position klarer zu formulieren. Wir dürfen aber als Menschen in der Verkündigung nie aus dem Zorn heraus handeln. Das ist verheerend und nicht evangeliumsgemäß.

Das Angebot des Glaubens hilft auch immer uns selbst. Wir sollten selbst gut mit unseren eigenen Bedürfnissen in Kontakt sein. Wenn wir unsere eigene Wahrheit verdrängen und eine abgespaltene Religiosität haben, werden wir als Missionare auf Dauer nichts erreichen. Wenn wir uns hingegen selbst durch das Evangelium geben lassen, was wir wirklich brauchen, werden wir auch anderen dabei helfen können, das zu entdecken, was ihnen fehlt, was sie brauchen. Wenn ich zum Beispiel das Bedürfnis habe zu beten, dann sollte ich beten, auch wenn es andere sehen können. Da ich bei meiner Bedürftigkeit ansetze, also bei einer Schwäche, werde ich in meinem Zeugnis nicht »laut« oder gewalttätig sein. Gleichzeitig können andere sehen, wie auch sie ihr Bedürfnis stillen könnten.

Zur Freiheit befreien

Zur Mission gehört es, dass ich an die Grenzen gehe und Grenzen überschreite, soziale, sprachliche, kulturelle und nationale. Dabei sollten wir nie vergessen: Die eigenen Grenzen überschreiten – ja. Aber nie die des anderen! Respekt ist eine Grundvoraussetzung für Mission.[37] Respekt schließt ein, dass ich dem anderen uneingeschränkte Freiheit lasse, sich für den Glauben zu interessieren, sich für Christus zu entscheiden oder eben nicht. Auch hier können und müssen wir wieder Maß an Jesus nehmen. Er hat den Glauben nie aufgezwungen. Das Zerrbild des Missionars, der den Menschen gewaltsam oder manipulativ den Glauben »aufdrückt«, hat sich nie auf Jesus berufen können. Theologisch ist klar: Der Glaube ist die freie und selbständige Entscheidung für Gott. Diese kann mir niemand abnehmen. Aufgezwungener Glaube ist kein

Glaube. Gott wünscht sich ein freies Ja als Antwort auf sein freies Angebot der Liebe. Selbst wenn ich einen anderen Menschen liebe, kann ich ihn nicht zwingen, mich auch zu lieben. Das liegt völlig in seiner Freiheit. Liebe und Freiheit gehören zusammen.

Als ein junger Mann voller Enthusiasmus und Hingabe auf Jesus zuläuft und bereit ist, sich von ihm senden zu lassen (»Herr, was muss ich tun, um das ewige Leben zu gewinnen?«), ermuntert Jesus ihn nach einer Weile des Gesprächs, all sein Vermögen den Armen zu geben. Da der Mann aber zu diesem Zeitpunkt dazu noch nicht in der Lage oder willens ist, lässt Jesus ihn ohne Weiteres gehen, ohne irgendwelche Vorwürfe. Er respektiert das »Nein« des Mannes, »weil er ihn liebte«, wie es in Markus 10,21 heißt.

Natürlich stimmt es traurig, wenn mein Angebot der Liebe nicht erwidert wird. Und auch hier sehen wir Jesus ungeschminkt mit seinen Gefühlen. Er weint über die, die ihn ablehnen: »Als Jesus näher kam und die Stadt sah, weinte er über sie und sagte: Wenn doch auch du an diesem Tag erkannt hättest, was dir Frieden bringt.« (Lukas 19,41–42) Doch Jesus wendet nie Gewalt an, sondern im Gegenteil: Er leidet lieber selbst, bevor er jemand anderem Unrecht tut oder ihn verletzt.

Teil des Glaubens ist die Freiheit: »Ihr seid zur Freiheit berufen, Brüder und Schwestern.« (Galater 5,13) Deshalb darf sie nie verletzt werden beim Missionieren, wohl aber herausgefordert. Die Hinwendung zum Glauben wurde von Anfang an und wird bis heute als »Befreiung« erlebt. Die ganze Geschichte des Judentums und Christentums basiert auf einer Befreiungsgeschichte: die Befreiung Israels aus der Sklaverei Ägyptens, die Befreiung der Menschen von Krankheit, Sünde und Tod durch Jesus. Den Glauben anbieten meint also: die Freiheit anbieten.

Für Jesus selbst dürfte der eigene Vater das Vorbild gewesen sein, der ihn ebenfalls nie zu irgendetwas gezwungen hat. Als es sich herausstellte, dass Jesus sein Leben opfern sollte, hat er dem Vater gegenüber zunächst seine Angst und seine inneren Widerstände klar geäußert. Das ist ein

Reflex der Tatsache, dass sich Jesus selbst als freier Mensch erlebt hat, dessen Wille sogar vom allmächtigen Gott-Vater eindeutig respektiert wird. Als er schließlich einwilligt (»nicht mein Wille geschehe, sondern deiner« [Lukas 22,42]), geschieht das aus freien Stücken, »weil er selbst es wollte«.[38] Sein Lebensopfer aus Liebe hätte auch überhaupt keinen Sinn gemacht, wenn es erzwungen gewesen wäre. Die Geschichte Gottes mit seinem Volk war stets davon gekennzeichnet, dass Gott immer nur *versucht* hat, seine Menschen zurückzugewinnen. Zwingen konnte er sie nie, weil er sie selbst mit Freiheit ausgestattet hatte. Er hätte dann gegen seinen eigenen Willen handeln müssen, was er gar nicht tun kann.

Die Geschichte der christlichen Mission war immer wieder auch von Gewalt geprägt. Menschen wurden unter Druck gesetzt, um sich zu bekehren, manchmal bis zur erpresserischen Alternative: »Taufe oder Tod«. Karl der Große ging in den Sachsenkriegen sehr brutal vor, wenn er auch von der Kirche dafür kritisiert wurde. Man erinnere sich auch an die Schikanen mittelalterlicher Städte gegenüber Juden oder Missgriffe der Mission in Lateinamerika. Hier wurde – dem Evangelium völlig ungemäß – Mission mit Macht und Herrschaftsanspruch verwechselt. Das wirft ein schlechtes Licht auf die Missionare, nicht aber auf das Evangelium.

Als Christen müssen wir demütig die Sünden unserer Vorfahren zur Kenntnis nehmen und versuchen, sie auf keinen Fall zu wiederholen. Allerdings brauchen wir uns auch nicht von dem populistischen Vorurteil vieler Zeitgenossen, Mission sei mit Gewalt gleichzusetzen, einschüchtern zu lassen, sodass wir den Mund nicht mehr aufbekommen. Papst Franziskus sieht das ähnlich, wenn er in seiner Botschaft zum Weltmissionssonntag 2013 schreibt: »Manchmal herrscht noch die Meinung, die Weitergabe der Wahrheit des Evangeliums verstoße gegen die Freiheit. Papst Paul VI. findet diesbezüglich klärende Worte: ›Sicherlich wäre es ein Irrtum, irgendetwas, was immer es auch sei, dem Gewissen unserer Brüder aufzunötigen. Diesem Gewissen jedoch die

Wahrheit des Evangeliums und den Heilsweg in Jesus Christus in voller Klarheit und in absolutem Respekt vor den freien Entscheidungen, die das Gewissen trifft, vorzulegen, ... ist gerade eine Ehrung eben dieser Freiheit.‹ (Evangelii nuntiandi, 80) Wir sollten immer den Mut und die Freude verspüren, die Begegnung mit Christus respektvoll vorzuschlagen und Boten seines Evangeliums zu sein.«[39]

Die großen Organisationen in unserem Land, die sich besonders der Mission verschrieben haben und speziell der Mission in den Entwicklungsländern, tragen alle zur Befreiung von Menschen bei, nicht zu deren Unterdrückung. Bonifatiuswerk, Renovabis, Adveniat, Missio prangern Ungerechtigkeit und Gewalt an und arbeiten gegen sie, anstatt sie anzuwenden.

Compassion üben

Jesus hat mit den Menschen gefühlt. Wenn andere leiden, dann fährt ihm das in die Glieder. Als er einer Witwe begegnet, die ihren einzigen Sohn verloren hat, »hatte er Mitleid mit ihr«. Wörtlich heißt es im Lukasevangelium (7,13): »Da drehten sich ihm die Eingeweide im Leibe um.« Als Bruder desselben Gott-Vaters fühlt er sich verantwortlich und nutzt seine Nähe zum Vater, um dem leidenden Bruder, der leidenden Schwester zu helfen.

Aktiv gelebte Nächstenliebe ist das ansprechendste Zeugnis, das wir heute geben können. Wenn wir uns denen zuwenden, denen sich sonst niemand zuwendet, geben wir dadurch ein Zeugnis, ohne überhaupt predigen zu müssen. Denn wir ahmen Jesus nach, der den Gott der Barmherzigkeit verkündet hat. Gottes Wesen wird erfahrbar und sichtbar durch unser Tun.

Das Bild, das Papst Franziskus im Interview mit dem Jesuiten Antonio Spadaro von der Kirche zeichnet, ist das des »Feldlazaretts nach einer Schlacht«. Er wünscht sich eine Kirche, die sich in erster Linie um die Menschen kümmert, wenn sie verwundet worden sind, durch das Leben, durch andere Menschen oder durch sich selbst. »Man muss die Wunden heilen. Dann können wir von allem anderen sprechen.« Der englische Begriff »Compassion« hat gegenüber dem deutschen »Mitleid« den Vorteil, die Assoziation zu vermeiden, dass der Leidende wie ein »Objekt« angesehen wird. Viele Menschen wollen kein Mitleid. Compassion hingegen sieht den Leidenden als Subjekt.[40] Es ist auch mehr als »Empathie«, die zumeist auf der Gefühlsebene bleibt. Es schließt die Emotion ein, ist aber darüber hinaus eher eine Einstellung, eine Haltung, die Einstellung der Barmherzigkeit, die sich dem Leidenden zuwendet. Oft wird Compassion auch mit »Mitleidenschaft« übersetzt, da man sich aktiv und solidarisch für den Leidenden einsetzt und mit ihm zusammen versucht, das Leiden zu beheben oder zu lindern.

Gesunde missionarische Ansätze wollen die Frohe Botschaft erfahrbar machen und sie nicht nur verkünden. Die Missionsbenediktiner zum Beispiel haben in Tansania Brunnen gebohrt, Krankenstationen errichtet, Schulen aufgebaut. Die Verbum-Dei-Missionarinnen gehen zu den Armen. Es gibt unzählige Christen auf der Welt, die im Kleinen wie im Großen helfen, die Not der Armen zu lindern. Christen werden am meisten dort gebraucht, wo die Armen und die Leidenden sind.

In unserer heimischen saturierten und abgesicherten Gesellschaft ist es manchmal schwierig, die »Armen« auszumachen. Zum einen verdrängen wir sie gern aus unserem Blick. Zum anderen gibt es auch eine »versteckte Armut«. Ich erinnere mich, als ich als Erzieher in unserem Klosterinternat tätig war, dass nicht selten gerade Kinder aus sehr reichen Familien seelisch deformiert waren; es war zum Erbarmen, wie sie trotz materieller Überfülle irgendwie arm waren in ihren Beziehungen, einsam in ihren kleinen Herzen. Wir nannten das damals »Wohlstandsarmut«. Daher ist es wichtig, dass wir uns fragen: »Was ist der Hunger der

Menschen?« Das heißt: Wir müssen weniger nach Situationen suchen, in denen wir das Evangelium verkünden können, sondern nur nach diesem Hunger. Denn dorthin würde Jesus heute gehen.

Jesu Compassion ging so weit, dass er das Los der Ausgestoßenen teilte und wie ein Verbrecher am Kreuz hingerichtet wurde. Bei seinem Sterben stieß er einen Schrei aus. Der Sohn Gottes, hier selbst zutiefst bedürftig, schreit nach Gott. Es ist dies auch der Moment, in dem – wie in einem Nebeneffekt – »Bekehrung« stattfindet: Ein Nichtgläubiger, der römischer Hauptmann, ist so bewegt von dem, was er dort erlebt, dass er sich zum Glauben an Jesus bekennt: »Wahrhaftig dieser Mensch war Gottes Sohn.« (Markus 15,39)[41]

Mit der Ankunft des Herrn rechnen

Die Vergangenheit kannte, wie schon angedeutet, einen extrem starken »Motor« für alle missionarischen Aktivitäten: Es galt, Seelen zu retten. In der Überzeugung des alten kirchlichen Absolutheitsanspruchs »*extra ecclesia nulla salus*« – »außerhalb der Kirche kein Heil« – war impliziert, dass es bei der Mission um Leben und Tod ging. Alles stand auf dem Spiel, also letztlich, ob ein Mensch nicht nur in diesem Leben, sondern für immer und ewig Gott, Liebe, Freude, Freiheit, Erlösung finden würde. Wer nicht getauft war, konnte all dies nicht finden, so die Überzeugung. Wir müssen uns die missionarische Energie der Menschen in dieser Zeit vorstellen wie die von Feuerwehrleuten. Sie wissen: In dem Haus brennt es, und wenn sie die Menschen nicht retten, rettet sie niemand. So lässt sich die unendliche Opferbereitschaft der früheren Missionare erklären. Sie setzten alles ein, denn es ging um alles. Das aber gab ihnen tiefe Erfüllung und einen Sinn im Leben, ebenso wie ein Feuerwehrmann erfüllt ist, wenn es ihm gelingt, ein Leben zu retten. Das Zweite Vatikanische Konzil hat den Absolutheitsanspruch der Kirche nicht fallen gelassen, aber eingebettet in eine weitere Sicht. Ich komme darauf unten noch ausführlicher zurück. Die Kirche ist der Überzeugung, dass auch ein Mensch, der prinzipiell für das Transzendente offen ist, gerettet werden kann. In jedem Menschen steckt ein göttlicher Kern, der ihm nicht gegeben und nicht genommen werden kann. Es gibt eine letzte Hoffnung für alle Menschen. Leider hat diese zu begrüßende größere Hoffnung und Gelassenheit zu einem weitgehenden Erlahmen der Missionstätigkeit geführt. Um im Bild zu bleiben: Warum sollte ich in das brennende Haus laufen, wenn ich weiß, dass ohnehin alle überleben werden?

Wie können wir heute eine »Dringlichkeit« im Zeugnisgeben spüren, die von weit mehr gespeist ist als von der Sorge, dass in Zukunft alle Kirchen leer stehen oder in Museen umfunktioniert werden? Es gibt ein weiteres theologisches Motiv, das ich hier erwähnen möchte, das vielleicht an Popularität, aber nicht an Aktualität eingebüßt hat. Es ist die sogenannte Naherwartung. Das Neue Testament spricht davon, dass die Christen und Christinnen das »Wiederkommen« Christi in allernächster Zukunft erwarteten. Die »zweite Ankunft Christi« wurde als Vollendung des Reiches Gottes, aber auch als das Gericht betrachtet. Der Missionar Paulus lebte stark in dieser Erwartung. So sagte er zum Beispiel, dass es zweitrangig sei, ob man verheiratet sei oder nicht angesichts des bald kommenden Endes.[42] Dieses Ende bedeutete für die Christen zweierlei: eine große Vorfreude, denn alles Leiden und alle Ungerechtigkeit würden dann ein Ende haben. Andererseits war es auch ein Ansporn, denn man wollte vom Herrn gut vorbereitet und wach vorgefunden werden. Die Dynamik der Ausbreitung des Evangeliums ist nur mit der Naherwartung wirklich zu erklären. Als das Wiederkommen Christi dann allerdings in der vorgestellten Art ausblieb, wurde die Kirche als eine dauerhafte Einrichtung etabliert. Die Überzeugung der Wiederkunft wurde nie aufgegeben – bis heute. Der Elan freilich ist verblasst.

Missionare sind Menschen, die diesen Aspekt ihres Glaubens besonders im Blick haben. Sie »laufen« (vgl. Paulus in Galater 2,2), denn es geht um etwas.[43] Auf die Spitze getrieben hat diesen Gedanken der zweite Petrusbrief in 3,8–13, wenn er formuliert: »Das eine aber, liebe Brüder und Schwestern, dürft ihr nicht übersehen: dass beim Herrn ein Tag wie tausend Jahre und tausend Jahre wie ein Tag sind. Der Herr zögert nicht mit der Erfüllung der Verheißung, wie einige meinen, die von Verzögerung reden; er ist nur geduldig mit euch, weil er nicht will, dass jemand zugrunde geht, sondern dass alle sich bekehren. Der Tag des Herrn wird aber kommen wie ein Dieb. Dann wird der Himmel prasselnd vergehen, die Elemente werden verbrannt und aufgelöst, die Erde und alles, was auf ihr ist, werden nicht mehr gefunden. Wenn sich das alles in dieser Weise auflöst: wie heilig und fromm müsst ihr dann leben, den Tag Gottes erwarten und seine Ankunft beschleunigen! An jenem Tag wird sich der Himmel im Feuer auflösen, und die Elemente werden im Brand zerschmelzen. Dann erwarten wir, seiner Verheißung gemäß, einen neuen Himmel und eine neue Erde, in denen die Gerechtigkeit wohnt.«

Wir können die Ankunft des Herrn »beschleunigen« – was für ein frecher Gedanke! Natürlich ist es die Entscheidung Christi, wann er wiederkommt und ein neuer Himmel und eine neue Erde offenbar wird. Auf der anderen Seite: Wenn wir Reben am Weinstock sind, wenn die Kirche der Leib Christi ist, dann haben wir einen Einfluss auf diese Wiederkunft. Sobald wir heute schon so leben, wie dann in unserer Sehnsucht herbeigeglaubt, realisiert sich das Reich Gottes schneller. Gott hat gar keine Lust mehr zu warten, er tut es, weil er Geduld hat. Er tut es, weil er unsere Freiheit respektiert. Und wir tun immer noch so, als wäre nichts gewesen. Als Missionare gehen wir dem Herrn voraus überall dorthin, wohin er selbst gehen will. Bis er zum Schluss – unter anderem mit unserer Hilfe – überall hingegangen sein wird.

Der heilige Benedikt schließt seine Regel mit dem Satz: »Christus, der uns alle zusammen zum ewigen Leben führe.« (RB 72,12) Die Idee, das wir nur alle *zusammen* in den Himmel kommen, hat etwas Versöhnliches und Anstachelndes. Keiner soll zurückbleiben. Auf jeden Fall jedoch sollten wir bei uns selbst anfangen, aus der Umkehr heraus und nach den Maßstäben des Reiches Gottes zu leben – und je mehr wir andere mitnehmen, desto schneller sind auch wir persönlich am Ziel.

Wiederum haben die Mönche hier einen spezifischen Zugang. Ausgehend vom Gleichnis, in dem der Knecht vom Herrn wachend gefunden wird, verstehen sie sich als die »Wachenden«. Das charakteristische Gebet der Mönche ist die Vigil, die ursprünglich in der Mitte der Nacht gebetet wurde. Während das römische Stundengebet eine solche Gebetszeit nicht kennt, standen (und stehen zum Teil noch) die Mönche mitten in der Nacht auf – oder zumindest sehr früh am Morgen –, um zu wachen und zu beten. Sie halten damit die Wirklichkeit im Blick, dass der Herr zurückkehren wird – und jederzeit zurückkehren kann.

Wachheit ist vom Mönch und vom Missionar auch untertags gefragt. Kommt der Herr vielleicht bereits? Wo ist er schon zu sehen? Wo ist er in dem Menschen, der mir begegnet? Anstatt sich Mittel zuzuführen, die die Sinne eintrüben, möchte der Mönch und Missionar besonders nüchtern sein. Er möchte die Sinne beisammen haben, er möchte »bei sich sein« und nicht außer sich, um den Herrn willkommen heißen zu können.

Die Schweizer Benediktinerin Silja Walter (1919–2011) hat in einem Gedicht diese Wirklichkeit besungen: »Jemand muss zu Hause sein, Herr, wenn du kommst.« Vielleicht will Christus ja schon kommen, vielleicht sind wir ja nur nicht zu Hause. Die Mönche wollen zu Hause sein, wenn der Herr kommt. Deshalb haben sie sich durch das Gelübde der »Stabilität« darauf verpflichtet, für immer am Ort ihres Klosters zu bleiben.

Jesus lehrt die Jünger ausführlich über seine Wiederkunft. Sie sei mit einem Dieb zu vergleichen, der das Haus betritt, wenn man es nicht erwartet (Matthäus 24,43–44). Deshalb »sollen die Jünger ihr Salz behalten« (Matthäus 5,13). Ein Missionar, der schal geworden ist, wird weder helfen können, positiven Einfluss auf die Welt und Menschen zu nehmen, noch wird er bereit sein, Gottes unvorhersagbare Ankunft zu verkörpern.

Die missionarische Grundhaltung ist eine der Achtsamkeit, Aufmerksamkeit und Wachheit. Der heilige Benedikt schreibt gleich zu Beginn seiner Regel im Prolog: »Stehen wir also endlich einmal auf, da uns die Schrift mit den Worten weckt: Die Stunde ist gekommen, aufzustehen vom Schlaf. Öffnen wir unsere Augen dem göttlichen Licht, und hören wir mit aufgeschreckten Ohren, was uns die göttliche Stimme jeden Tag mahnend zuruft: Heute, wenn ihr seine Stimmt hört, verhärtet nicht euer Herz.« Jeden Tag den Herrn mit allen Sinnen zu erwarten, wie man die Ankunft eines lieben Freundes, einer lieben Freundin erwartet, das ist damit gemeint.

»Vorfreude ist die schönste Freude« – kennen Sie auch das Gefühl, am Bahnhof oder Flughafen zu stehen und auf jemanden zu warten, den sie besonders gern haben? Welch ein Kribbeln im Bauch! Von diesem Kribbeln erzählt auch das Lukasevangelium. Maria, schwanger mit Jesus, geht zu ihrer ebenfalls hochschwangeren Cousine Elisabeth. Beide Frauen, ohnehin schon in freudiger Erwartung, multiplizieren diese Freude: »Als Maria den Gruß Elisabeths hörte, hüpfte das Kind in ihrem Leib.« (Lukas 4,41) Wenn wir als Missionare dem Herrn den Weg bereiten, ihm helfen, unter und in den Menschen geboren zu werden, dann haben wir die Rolle von Maria und Elisabeth. Welche Vorfreude, ihn kommen zu spüren! Welche Freude, dabei sein zu dürfen, wenn neues Leben zur Welt kommt!

Missionare sind Menschen in guter Hoffnung. Weil es noch etwas zu erwarten gibt und das Leben nicht eine Eintagsfliege, eine Tretmühle oder ein schneller Selbstbedienungsladen ist, deshalb verbreiten sie Hoffnung. Da gibt es noch etwas, das kommt. Da gibt es jemanden, der kommt. Du hast eine Zukunft, selbst nach deinem Tod. Die Welt hat eine Zukunft, selbst nach ihrem Tod. Missionarische Menschen sind Menschen mit erhobenem Haupt. »Wenn all das beginnt, dann richtet euch auf, und erhebt eure Häupter; denn eure Erlösung ist nahe.« (Lukas 21,8)

International vernetzt sein

Eines der Hauptmerkmale des Missionarischen liegt im Überschreiten der eigenen Grenzen. Wie gesagt, das kann bereits geschehen, wenn ich aus dem Haus gehe und meinen Nachbarn treffe. Zu Recht nehmen wir in den letzten Jahren vermehrt wahr, dass irgendwie auch Deutschland und die Länder Europas zum »Missionsland« geworden sind. Man muss also nicht weit fahren, um damit gleich anzufangen.

Auf der anderen Seite ist und bleibt ein Merkmal der Mission die Internationalität, die Globalität. Es ist nicht ganz ungefährlich, alles und jedes, was wir in unseren eigenen Breiten tun, gleich als »Mission« zu bezeichnen. Wir dürfen den Missionsbegriff nicht zu eng fassen; die klassische »*missio ad extra*«, die Grenzen von Kontinenten überschreitet, ist nach wie vor wichtig. Vielleicht wichtiger denn je.

Das hat mehrere Gründe. Zum einen hat die Kirche den Vorzug, bereits global zu sein, während die Welt als Ganze noch auf einen Sinn für Globalität hinsteuert. Wenn der Papst beim Segen »*Urbi et Orbi*« der ganzen Welt den Segen erteilt, ist dies ein schönes Beispiel. Jugendlichen bleibt wenn sie zum Weltjugendtag reisen, vor allem auch die Internationalität und Vielfalt der Kulturen in Erinnerung. Programme für Jugendliche, in denen sie »Missionare auf Zeit« sein können, erfreuen sich höchster Beliebtheit. Viele Orden und Diözesen haben entsprechende Angebote, in Europa wie in Nordamerika. Den jungen Menschen ist klar, dass sie sich in Zukunft nur angemessen auf diesem Planet werden bewegen können, wenn sie sich öffnen zu den Themen und Problemen, zu den Vorzügen und Besonderheiten anderer Länder und Kulturen. Man möchte ins Ausland gehen, wenigstens für eine gewisse Zeit. Hier hat die Kirche ein unschätzbares Netzwerk von Diözesen und Gemeinden, Gemeinschaften und Klöstern, das sie den Menschen zur Verfügung stellen kann.

Die Kirche hat sich schon immer als Ortskirche empfunden. Sie ist vor Ort »Kirche« im Vollsinn des Wortes. Nichts fehlt. Der Bischof ist der erste Hirte. Gleichzeitig hat sie es aber schon von den ersten Anfängen an als notwendig betrachtet, über den Tellerrand hinauszuschauen und einen lebhaften Austausch mit anderen Ortskirchen zu pflegen. Damit bewahrt sie sich vor Provinzialismus. Es liegt eine große Chance darin, von den Kirchen anderer Länder und Kontinente zu lernen. Auch dort ist der Heilige Geist am Werk.

In Deutschland empfinde ich die Kirche zum Beispiel oft als gefangen in Strukturfragen. Wenn man die unmittelbare Lebendigkeit der Kirche in anderen Ländern erlebt, relativieren sich unsere Probleme. Sicherlich ist die Situation in unserem Land eine besondere aufgrund unserer Geschichte und der Konkordate. Und wir müssen unseren ganz eigenen Weg darin finden. Auf der anderen Seite kann das einzige Land der Welt, in dem es eine Kirchensteuer gibt, von anderen Ländern lernen, was es heißt, dass man als aktiver Christ in der Gemeinde auch finanziell Opfer bringt für die gemeinsame Sache. Das fördert die Identifizierung, die in Deutschland oft fehlt.

Der Blick über den Tellerrand – das ist Teil von Mission von heute. Da der Glaube selbst immer grenzüberschreitend und transzendierend ist, realisiert sich die missionarische Haltung des einzelnen Christen in der Bereitschaft, von anderen Ländern und Kulturen zu lernen und gleichzeitig nicht den eigenen Stil für das Nonplusultra zu halten. Internationalität und Globalität gehörten von Anfang an zur christlichen Identität: Die Kirche entstand an Pfingsten, auf einen Schlag sogleich in verschiedenen Sprachen.

Die missionarischen Hilfswerke, die Missionare und Laienhelfer, die international tätig sind, die Jugendlichen in Austauschprogrammen, sie alle sind eingeladen zu erzählen, wie es in anderen Ländern aussieht, kulturell, politisch und spirituell. Missionare sind in erster Linie Kommunikatoren: Sie erzählen, wie das christliche Leben in anderen Teilen der Welt realisiert wird. Indem wir nationale, kulturelle und sprachliche Grenzen überschreiten, entwickeln wir erst die volle Kraft des Missionarischen. Auf der anderen Seite: Wenn wir uns anderen Ländern und Kulturen aussetzen, dann fällt es uns auch leichter, zu Hause Unterschiede in Kulturen, Religionen und Lebensweisen zu respektieren. Im Ausland bin ich per se aufmerksamer und wacher. Wenn ich hingegen meine Nachbarn sehe, fallen mir vielleicht zuerst meine Vorurteile ein, und ich sehe sie nicht mit den Augen Jesu, der sie jeden Tag neu und mit Liebe betrachtet.

Wie vielfältig und befruchtend internationaler Austausch sein kann, zeigen die Worte meines Heimatpfarrers, der gebürtiger Kongolese ist: »Ich muss gestehen, ich habe mich bis jetzt nicht wirklich als ›Missionar‹ im klassischen Sinn betrachtet. Unter ›Missionar‹ im klassischen Sinn verstehe ich einen – Priester, Ordensbruder, Ordensschwester, Laie –, der sich für eine pastorale Tätigkeit in einer anderen Gegend als in seiner Heimatregion berufen fühlt und gesandt (*missus*) wird. Ich dagegen kam 1996 nach Deutschland, um hier ein Promotionsstudium in Theologie zu absolvieren und wieder in mein Heimatland, die Demokratische Republik Kongo, zurückzukehren. Doch aus dem geplanten ›kurzen‹ Studienaufenthalt ist eine lange Zeit von siebzehn Jahren mit richtigem pastoralen Einsatz in Deutschland geworden. Aufgrund dieser Pastoraltätigkeit in einer anderen Gegend als in meinem Heimatland Kongo kann man mich sicher als Missionar betrachten. Die Kirche insgesamt ist immer missionarisch, das heißt zu den Menschen gesandt, um mitten in der Welt Zeichen des anbrechenden Gottesreiches in unserer Zeit zu sein.« Hier wird das neue internationale Missionsverständnis sichtbar.

Andere Religionen kennenlernen

Die monastischen Orden unterhalten seit Langem intensive Beziehungen zu anderen Religionen.[44] Mönche sind vielleicht besonders gut geeignet für den Dialog zwischen den Religionen, denn sie können sich mit Mönchen anderer Religionen treffen und über ihre Erfahrungen sprechen. Der Austausch der Erfahrungen ist immer respektvoll und freundlich; man kommt nicht ins Streiten. Mönchtum ist ein Phänomen, das religionsübergreifend ist. Buddhismus und Christentum haben die längsten Traditionen, der Islam versucht, mit den Sufis diese Strömung zu reaktivieren. Gemeinsame Elemente der Spiritualität wie das Schweigen, das Fasten, das Meditieren, das Lesen, das Singen, das Leben in Gemeinschaft, die Disziplin bilden eine gute Grundlage für den Austausch.

Menschen, die mit diesem Dialog viel Erfahrung haben, kommen aber auch immer wieder zu der Erkenntnis, dass die Religionen doch sehr verschieden sind und sich eben überhaupt nicht »in einen Topf werfen« lassen. Als verbindendes Element bleibt vielleicht das »Geheimnis« der je eigenen Tradition am deutlichsten bestehen.

Seit dem Zweiten Vatikanischen Konzil sind die Türen für den Dialog mit den anderen Religionen offen. Dieser Dialog ist eine natürliche Frucht dessen, was »Mission« im Innersten ist: Wenn Mission »über die Grenze gehen« bedeutet, dann begegnen wir nicht nur fremden Ländern und Kulturen, sondern auch fremden Religionen. In der Begegnung geschieht Austausch, kann man voneinander lernen. Papst Johannes Paul II., einer der missionarischen Päpste der neueren Zeit, der selbst viele

Länder bereist hat und das Weltgebetstreffen für den Frieden in Assisi initiiert hat, bei dem sich Geistliche verschiedener Religionen zum Gebet und Austausch treffen, schreibt in der Enzyklika »*Redemptoris Missio*« über missionarische Spiritualität: »Der Kontakt mit Vertretern der wichtigsten nichtchristlichen Traditionen, insbesondere mit jenen Asiens, hat mich darin bestärkt, dass die Zukunft der Mission großenteils von der Kontemplation abhängt. Wenn der Missionar nicht kontemplativ ist, kann er Christus nicht glaubwürdig verkünden. Er ist ein Zeuge der Gotteserfahrung und muss wie die Apostel sagen können: ›Was wir gesehen und gehört haben, das verkünden wir auch euch: das Wort des Lebens‹ (1 Johannes 1,1–3).« Hier haben wir ein wunderbares Beispiel, wie selbst der Papst von anderen Religionen lernt.

Der Dialog bringt die einzelnen Religionen weiter als jede Form der Abschottung. Das hat der islamische Philosoph Abu Hamid Muhammed bin Muhammed al-Ghazali (1058–1111) so formuliert: »Der Schaden, der der Religion zugefügt wird von denen, die sie in unangemessener Weise verteidigen, ist größer als der Schaden, der Religion zugefügt wird von denen, die sie angreifen in angemessener Weise.«[45] Wer seinem Gott wirklich vertraut, der muss keine Angst haben, dass sich seine Religion als wahr herausstellt.

Jede Religion hat in gewisser Weise ihren eigenen Absolutheitsanspruch. Damit glaubt sie daran, dass ihre Wahrheit die letzte und unüberbietbare ist. Sie glaubt daran, dass alle Menschen, gleich welcher Religion, sich schließlich als mit diesem Gott verbunden zeigen werden. Wenn dem so ist, dann kann man getrost alle fremden Religionen an sich heranlassen. Der verborgene Gott, von dem alles stammt, wird uns verbinden.

Das Kennenlernen anderer Religionen bedeutet nicht, dass wir gewissermaßen auf eine »Superreligion« zusteuern wollen, in der dann alles zusammenpasst. Es heißt auch nicht, dass wir uns aus jeder Religion herauspicken, was wir im Moment gerade für gut halten. Dialog der

Religionen setzt profilierte und konturierte Gesprächspartner voraus. Je länger ich selbst auf dem christlichen Weg unterwegs bin, desto mehr merke ich, dass er eher »mehr« von mir fordert statt weniger. Er ruft mich zu mehr Konsequenz, zu größerer Durchdringung, und jede Art von Synkretismus ist mir überhaupt nicht hilfreich. Auch der Dalai Lama empfiehlt, jeder solle in seiner Tradition bleiben und dort wachsen. Theoretisch mag es viele Gemeinsamkeiten geben, die Praxis aber ist doch ziemlich hermetisch.

Christliche Mission heute ist nicht mehr denkbar ohne interreligiösen Dialog. Wir werden dabei unsere eigene Identität nicht verlieren, sondern finden.

Mission als Präsenz

»Mission als Angebot« zu verstehen kann auch in Verbindung gebracht werden mit einem weiteren Paradigma: »Mission als Präsenz«. Präsenz meint sogar noch mehr als Angebot, nämlich das Angebot aufrechtzuerhalten. Ich erinnere mich gut, wie die Schwestern einer evangelisch-monastischen Gemeinschaft ihre missionarische Erfahrung mit mir teilten. Nach der Wende hatten die Nonnen der »Communität Casteller Ring« sehr bald eine Niederlassung in Erfurt gegründet, ausgerechnet in dem Kloster, in dem dem Mönch Martin Luther das Mönchsein vergangen war. Dieser Mut wurde von den Leuten aus der Umgebung mit Hochachtung und Liebe angenommen. Die Schwestern erzählten: »Die Leute hier mögen uns sehr. Sie sagen uns: Nach der Wende sind so viele aus dem Westen gekommen: Banken, Geschäfte und auch Kirchen. So viele sind gekommen, und die meisten sind nach einiger Zeit wieder gegangen. Ihr aber seid noch da!« Die Präsenz der Schwestern und ihre Stabilität wurden geschätzt und als Zeugnis gesehen. Die Menschen fragten sich: Was ist da anders mit den Schwestern? Scheinbar wollen sie nicht nur an unser Geld heran wie alle anderen. Die reine Gegenwart der Schwestern hatte eine positive Ausstrahlung auf die zumeist atheistisch geprägten Menschen der Stadt. Es ist schade, dass die Ordensfrauen Jahre später ihre Präsenz in Erfurt aus Mangel an Personal nicht mehr aufrechterhalten konnten.

Eine weitere Diskussion kommt mir in den Sinn: Beim Kongress »Mission und Mönchtum«[46] kam 2009 in Rom die Frage auf, wie eigentlich Mission in einem islamischen Land aussehen müsste, in dem christliche Mission explizit nicht geduldet ist. Wenn jede *Aktivität* wie Predigen und Werben verboten ist, kann man immer noch durch seine Präsenz Zeugnis geben. Das Schweigen der Mönche könnte laut sprechen, ohne dass sie ein Wort sagen müssten.

Dass dieses Gedankenspiel vor nicht allzu vielen Jahren eine dramatische Realität geworden ist, soll hier auch nicht unerwähnt bleiben. Französische Mönche waren im Jahr 1938 in das algerische Tibhirine gekommen, um dort zu beten und zu arbeiten. Ihre Intention war es nicht, zu missionieren. Sie wollten nur in Frieden ihrer monastischen Berufung nachgehen. Als eines ihrer besonderen Charismen pflegten sie wie alle Mönche die Gastfreundschaft. So kamen sie in Kontakt mit den Einheimischen, die ausnahmslos Muslime waren. Sie bemühten sich, die Sprache zu lernen, studierten den Koran und boten medizinische Hilfe an, um den Menschen der Umgebung zu dienen und mit ihnen im Austausch zu sein. Durch die Wirren des Bürgerkriegs in den 1990er-Jahren gerieten auch sie in den Fokus der Verfolgung, obwohl sie keinerlei politischen Standpunkt einnahmen. Schließlich wurden sie als Geiseln genommen und ermordet. Das war 1996. Nur zwei Mönche überlebten.[47] Durch ihr reines Dasein hatten die Mönche bereits eine unglaubliche Ausstrahlung. Sie mussten nichts tun, sie brauchten nur zu sein.

In einer Gesellschaft, die sich immer weiter säkularisiert, ist allein das Christbleiben schon ein Zeugnis und zuweilen eine Provokation.

Wir sollten also nicht zu sehr frustriert sein, wenn wir nicht zu dem Punkt gelangen, dass uns jemand zuhören will, wenn wir von unserem Glauben erzählen. Es ist unser Dienst an den Menschen im Auftrag Jesu, dass wir weitermachen, uns nicht beirren lassen, immer offen und doch entschieden bleiben. Das allein hat eine leise und doch enorme Wirkung in einer sich schnell verändernden Welt. Christ zu sein und als solcher zu leben ist bereits Ausdruck einer missionarischen Gesinnung. Man kann diesen Gedanken auch umdrehen: Die Menschen, die einfach nur – in Frieden – christlich leben wollen, wie die Mönche von Tibhirine, werden durch die Dynamik um sie herum zum Zeugnisgeben geradezu gedrängt. Die Mönche von Tibhirine wollten nie Missionare sein, schon gar nicht Märtyrer, ihre reine Präsenz hat sie dazu gemacht. Es war sicherlich nicht ihre erste Wahl, für Christus in den Tod zu gehen. Es war eine Konsequenz ihrer Präsenz. Sie wollten nur eines: bleiben. Und mussten gehen. Wie Jesus selbst. Dadurch aber ist ihr Zeugnis noch stärker geworden. Übrigens hatten die Muslime in der Umgebung des Klosters die Mönche gedrängt zu bleiben. Sie mochten sie sehr gern. Einmal machten sie ihnen sogar ein Geständnis mit folgendem Bild: »Ihr seid der Baum, und wir sind die Vögel, die auf ihm sitzen.«

Mission als Präsenz heißt »Leben mit den anderen«, nicht zuerst »Leben für die anderen« (Abtprimas Notker Wolf).[48] Der missionarische Auftrag kommt von außen auf uns zu, durch die Menschen, die um uns herum sind, durch Gott, der in uns spricht. Das geschieht, ob wir es wollen oder nicht. Unsere Aufgabe ist es, darin präsent zu bleiben.

»Ich bin bei Euch bis zum Ende der Welt«

Der Missionsauftrag Jesu am Ende des Matthäusevangelium schließt mit den Worten: »Seid gewiss: Ich bin bei euch alle Tage bis zum Ende der Welt.« (Matthäus 28,20) Dieses Versprechen dürfen wir tief in uns einsinken lassen. An den Enden der Welt, an ihren Rändern, den räumlichen, zeitlichen, sozialen, psychischen, dort überall ist Christus bei uns. Weil er schon da ist, können wir dorthin gehen, ohne Angst zu haben. Wir dürfen seine Liebe zu den Menschen sichtbar machen.

Absolutheitsanspruch in Gelassenheit

Der Mystiker Meister Eckhart (ca. 1260–1327) hat eine Theologie und Spiritualität entwickelt, die nach 700 Jahren heute ihre besondere Aktualität entfaltet hat. In seinem Denken ist alles zutiefst gottzentriert. Außerhalb Gottes ist nichts. Und erst wenn wir alle Anhänglichkeit an das Irdische haben fahren lassen, werden wir dort sein, wo nichts ist außer Gott, und mit ihm eins.[49] Wenn man so will, ist das ein unüberbietbarer Absolutheitsanspruch. Außerhalb Gottes kein Heil. Man könnte diesen Anspruch als »Absolutheitsanspruch in Gelassenheit« bezeichnen, denn nur, wenn ich alles, selbst Gott »losgelassen« habe, bin ich auf der Seite des Absoluten.

Die Frage ist, wie man den Absolutheitsanspruch heute denkt. Ich meine, dass es eine Religion ohne Absolutheitsanspruch nicht geben kann. Wenn Gott, dann Gott! Die Menschen aber haben zu viele schlechte Erfahrungen mit Religion gemacht, sodass sie die Religionen und diesen Anspruch fürchten. Vor allem die monotheistischen Religionen Judentum, Christentum und Islam stehen unter dem Verdacht, hinter diesem Anspruch eine gewalttätige Eroberungsstrategie zu verfolgen. Ich glaube, dass die Praxis der christlichen Kirche in den letzten Jahrzehnten sich diesen Vorwurf nicht mehr machen lassen muss. Und auch in der Theorie hat sich etwas verändert.[50]

Eine Reflexion des Begriffs »Absolutheit« kann weiterhelfen. Absolut heißt »losgelöst« (von lateinisch *absolvere*, loslösen). Gott existiert losgelöst und unabhängig von Menschen und Welt, ob wir es wollen und glauben oder nicht. Er ist nicht »kontingent«, das heißt nicht von unserem Denken abhängig. Er ist die absolute Wahrheit, auf die wir nur bedingten Einfluss haben.

Das Risiko jeder Religion besteht nun darin, dass sich einzelne Gläubige oder Gruppen oder die Kirchen oder die Kirche diesen Gott sozusagen zu ihrem »Eigentum« machen. »Mit Gott auf unserer Seite, mit Jesus in einem Boot«, singt Herbert Grönemeyer in dem Lied »Mit Gott«. Wenn sie das tun, können sie sich aber nicht auf den Ursprung des christlichen Glaubens berufen. Das Reich Gottes ist in der Kirche in besonderer Weise verwirklicht, weil Gott sie erwählt hat und einen Bund mit ihr geschlossen hat; aber sie ist nicht identisch mit dem Reich Gottes, das Jesus begründet hat und das der Heilige Geist weiterhin aufbaut unter uns. Die Kirche und der Einzelne bleiben immer wieder hinter dem Anspruch zurück. Sie haben die Tendenz zu sündigen, das heißt, sich vom lebendigen Gott abzusondern, und sind auf seine Vergebung angewiesen. Sie sind eben nicht Gott, sondern begrenzt.

Doch wenn wir die Absolutheit Gottes konsequent zu Ende denken, können wir der Gefahr begegnen, Gott »habhaft« zu machen. Ein

Absolutheitsanspruch, der es nötig hat, jemanden auszuschließen, ist nicht vollkommen. Gott ist nicht dieses oder jenes, aber auch nicht *nicht* dieses oder jenes. Dieser Absolutheitsanspruch ist exklusiv, indem er *radikal inklusiv* ist. Er ist so inklusiv, dass er auch die menschliche Freiheit einschließt und respektiert. Praktisch resultiert das in der Gelassenheit, zu glauben und zu wissen, dass wir auf dem richtigen Weg sind, und gleichzeitig offen dafür zu sein, immer neu zu Gott umzukehren. Diese Offenheit ist der Verweis auf Gottes Transzendenz.

Der Atheismus hat zuletzt genau diese Idee entdeckt und den »Atheismus 2.0« entwickelt. Einschlägig ist hier besonders Alain de Botton in Großbritannien. Dieser Atheismus versteht sich als so absolut, dass er fähig ist, alles einzuschließen. Selbst religiöse Strukturen werden dabei nicht mehr kategorisch ausgeschlossen, denn man will sich von der Verneinung des A-Theismus nicht abhängig machen. Religionen sind in Ordnung, wenn der Mensch sie denn gut findet. Ein bisschen Christentum hier, ein bisschen Buddhismus dort – warum auch nicht?

Der Unterschied aber bleibt: Der Atheismus 2.0 macht sich immer noch abhängig – nämlich von sich selbst, vom Menschen. Christliche Religion aber will radikal absolut und losgelöst sein. Für uns bleibt die Alternative: Wollen wir lieber abhängig von uns selbst sein oder von Gott? Ich persönlich bevorzuge Gott, weil ich mich und meine Begrenztheit und die meiner Mitmenschen kenne. Wer allerdings überhaupt nicht »abhängig« sein will, leugnet, dass er begrenzt ist; damit überschätzt er sich und macht sich in gewisser Weise selbst zu Gott.

Je weiter, desto katholischer

Den christlichen Absolutheitsanspruch könnte man vom Wort »katholisch« her erklären. Ich meine »katholisch« hier nicht im konfessionellen Sinn des 16. Jahrhunderts, sondern wie der Begriff lange vor der

Kirchenspaltung im Glaubensbekenntnis von 381 n. Chr. gebraucht wurde. *Katholos* (griechisch) bedeutet: allumfassend. Damit ist der Absolutheitsanspruch bereits angesprochen. Für die missionarische Dimension heißt das: »Je weiter, desto katholischer.« Je weiter wir hinausgehen, desto katholischer sind wir. Enge und Ausschließlichkeit, die aus Angst geboren sind, sind keine Kennzeichen eines gesunden Christentums und Katholizismus.

Die Psalmen des Alten Testaments drücken es so aus: »Herr, deine Güte reicht, soweit der Himmel ist, deine Treue, soweit die Wolken ziehen.« (Psalm 36,6) »Wie dein Name, Gott, so reicht dein Ruhm bis an die Enden der Erde; deine rechte Hand ist voll von Gerechtigkeit«. (Psalm 48,11)

Der Absolutheitsanspruch des Christentums geht über eine philosophische Dimension hinaus. Er hat ein Gesicht. Im Johannesevangelium (14,6) sagt Jesus über sich selbst: »Ich bin die Wahrheit und der Weg und das Leben.« Die absolute Wahrheit Gottes wird in einem konkreten Gesicht anschaulich, in einer konkreten Stimme hörbar. Die »Abhängigkeit«, von der wir reden, geschieht also für uns gewissermaßen auf Augenhöhe, sie ist begreifbar und verstehbar geworden. Gott ist so radikal allumfassend und inklusiv, dass er auf natürliche Weise, mit Leichtigkeit und mit Freude den Menschen (in seinem Sohn) in diese Absolutheit miteinbezieht.

Das Fest, das für mich am deutlichsten den »Absolutheitsanspruch in Gelassenheit« veranschaulicht, ist Epiphanie (Drei König). Am 6. Januar feiert die Kirche, dass die ganze Welt – ausgedrückt in den Königen beziehungsweise Weisen aus den verschiedenen Erdteilen – zur Krippe kommt, um Christus zu huldigen. Das Charmante dabei: Der Absolute ist ein Mensch. Der Absolute ist ein Baby. Sympathischer kann man den Absolutheitsanspruch nicht gestalten. Das Zweite, das mir an dieser Geschichte Mut macht: Die, die den Absoluten akzeptieren, sind Könige oder Weise, also Menschen mit Rang und Namen,

Persönlichkeiten mit guter Bildung, Menschen, die es zu respektieren gilt. Die Annahme des Absoluten löscht unsere Würde als Menschen nicht aus, im Gegenteil. In anderen Worten: Gott, der Absolute, hat es nicht nötig, den Menschen erst klein zu machen, damit dieser ihn dann anerkennt. Schließlich: Christi Absolutheitsanspruch entwickelt sich. Keiner der drei Könige wird mit Gewalt an die Krippe gezwungen. Jeder darf dem Stern folgen, der ihn zum Absoluten hinführt. Es ist ein Weg. Dieser Weg braucht Zeit. Er darf Zeit brauchen. Gott hat Zeit. Und wir brauchen diese Zeit.

Gott braucht es nicht, anerkannt zu werden. Aber uns tut es gut, Gott anzuerkennen. Weil es uns mit dem Absoluten in Verbindung bringt und gleichzeitig mit der ganzen Welt – wir treffen die anderen Könige an der Krippe – und mit unserem inneren Selbst. Wir begreifen, wo unsere Würde als Mensch eigentlich herkommt. Die größere Wirklichkeit anzuerkennen zeigt uns, wer wir sind und wozu wir berufen sind. Die Könige kehren in ihre eigenen Reiche zurück.

Wir können das Fest »Epiphanie« auch so interpretieren, dass es Christus ist und sein wird, der alle Menschen, alle Reiche, alle Völker zu vereinigen imstande ist. Die »Vereinten Nationen«, gegründet 1948 nach der Erfahrung, zu wie viel Zerstörung der Mensch in der Lage ist, werden das nicht wirklich leisten können, weil Menschen immer Interessen haben und haben müssen. Die christliche Religion aber könnte und kann einen unermesslichen Beitrag zu einem friedlichen Miteinander auf dem ganzen Globus leisten mit ihrem Konzept der Allumfasstheit.

Wenn wir niederknien vor der einen, unveränderlichen Wahrheit, die zugleich die Wahrheit des anderen ist, dann können wir uns gegenseitig in unserer Andersheit gelten lassen. Die drei Könige streiten nicht an der Krippe. Und jeder von ihnen kehrt in sein Reich zurück. Der Absolutheitsanspruch des Christlichen will die Menschen nicht trennen, sondern vereinen. So, wie Jesus alle Menschen sammeln wollte.

»Jerusalem, Jerusalem«, sagt Jesus in Lukas 13,34, »du tötest die Propheten und steinigst die Boten, die zu dir gesandt sind. Wie oft wollte ich deine Kinder um mich sammeln, so wie eine Henne ihre Küken unter ihre Flügel nimmt; aber ihr habt nicht gewollt.«

Wenn wir hingegen wollen, wenn wir uns bei dem einfinden, von dem wir alle in gleicher Weise abhängig sind, weil wir von ihm das Leben geschenkt bekommen haben, dann werden wir friedvoll miteinander leben können. Ich kann mir nicht vorstellen, wie Atheisten eine Welt schaffen könnten, in der alle in Respekt und Frieden leben. Denn Menschen haben Interessen. Und diese müssen – zumindest zeitweise – exklusiv sein. Für Gott hingegen ist es einfacher, alle zu sammeln und zu einen. Damit wir aber an diesen Punkt kommen, müssen wir zunächst unsere »*comfort zone*« verlassen. Wir sind alle Fremde an der Krippe! In der Fremde finde ich Christus. Daher ist die missionarische Dimension heilsentscheidend für uns Christen und die ganze Welt.

Jeder Mensch hat etwas »Missionarisches« in sich. Der eine mehr, der andere weniger. Jeder und jede möchte diese Welt wenigstens ein kleines bisschen besser machen. Wir spüren an bestimmten Stellen unseres Lebens einen Ruf zu einer Verhaltensweise oder zu einer Überzeugung. Dieser Ruf hat etwas Unbedingtes an sich. Nur wenn wir ihm folgen, wird unser Leben Sinn haben. Selbst wenn unsere Mission darin besteht, auf gar keinen Fall missionarisch sein zu wollen und andere von der Wichtigkeit dieses Standpunkts zu überzeugen. In diesem Sinn gibt es Milliarden von »Missionaren« auf der Welt. Nicht selten sind es Atheisten, die eine besonders starke Sendung empfinden. Die Chance des christlichen Absolutheitsanspruchs besteht nun darin, dass er dieses »Missionarische« im Menschen humanisiert. Das dem Menschen eingeborene »Die-Welt-verbessern-Wollen«, andere von gewonnenen, tiefen Einsichten zu überzeugen, wird durch den christlichen Absolutheitsanspruch menschlich gemacht, indem er ihn kultiviert, in eine Tradition stellt und ihn in nicht geringem Maß in Schranken weist.

Die Theologie und die Tradition der Kirche helfen dabei, das rechte Maß zu finden.

Timothy Kardinal Dolan von New York hat bei seiner Kardinalserhebung seinen Traum von Kirche und ihrer Weise zu missionieren so ausgedrückt: »confident yes, triumphant never!« Diesem Traum schließe ich mich an: zuversichtlich mit unserem Glauben umzugehen, mit einer guten Portion Selbstgewissheit, aber gleichzeitig ohne jede Übertreibung und ohne Überlegenheitsgefühl. Am Ende werde ich vor der Krippe knien, zusammen mit den anderen. Und der wahre König wird ein Baby sein.

Wenn wir unseren Absolutheitsanspruch so freundlich und gelassen sehen, dann können wir für die Welt werden, was der frühchristliche Diognetbrief (2./3. Jahrhundert) mit diesen Worten beschreibt: »Die Christen sind die Seele der Welt. Sie halten die Welt zusammen, wie die Seele den Körper zusammenhält. In jedem fremden Land sind sie zu Hause, in jeder Heimat aber Fremde.«

Wir können unmöglich schweigen

Die Apostel Petrus und Johannes haben kurz nach dem Pfingstereignis einen Gelähmten im Tempel geheilt und vor dem Volk freimütig von Jesus gesprochen. Die Ältesten und Schriftgelehrten riefen daraufhin die beiden vor den Hohen Rat »und verboten ihnen, jemals wieder im Namen Jesu zu predigen und zu lehren. Doch Petrus und Johannes antworteten ihnen: Ob es vor Gott recht ist, mehr auf euch zu hören als auf Gott, das entscheidet selbst. Wir können unmöglich schweigen über das, was wir gesehen und gehört haben.« (Apostelgeschichte 4,18–20)

Das Wort, das durch die Apostel spricht, ist unaufhaltsam. Ich wünsche uns allen, dass auch wir offen werden für dieses Wort. Wenn wir es gehört haben, können wir nicht mehr schweigen.

Unmöglich.

Dank

Ich danke herzlich für Anregungen und anregende Gespräche: Br. Thomas-Morus Bertram OSB, Fr. Jeremy Driscoll OSB, Dr. Matthias E. Gahr, P. Konrad Göpert OSB, Dechant Kuno Kohn, Fr. Thomas Leitner OSB, Pfarrer Willy Manzanza, Regina Nothelle, Sr. Dr. Julia Prinz VDM, Abt Jeremias Schröder OSB, Br. Ansgar Stüfe OSB, den Mitgliedern der Kurse »Wenn ich nach meinem Glauben gefragt werde«, »New Evangelization – Task and Joy«, meiner Lektorin Marlene Fritsch, Br. Linus Eibicht OSB und dem Team des Vier-Türme-Verlags, meinen Mitbrüdern in Münsterschwarzach und in Schuyler, Nebraska, USA.

Anmerkungen

1 Christopher Lasch, Das Zeitalter des Narzissmus. Aus dem Amerikanische von Gerhard Burmundt, München 1980. Hans-Joachim Maaz, Die narzisstische Gesellschaft: Ein Psychogramm, 2014.
2 Vgl. 1 Kor 15,8; Röm 1,1; Gal 1,1 und weitere Stellen.
3 Vgl. 1 Korinther 3,21–23.
4 Siehe Wolfgang Günther, »Gott selbst treibt Mission: Das Modell der ›Missio Dei‹.« In: Plädoyer für Mission: Beiträge zum Verständnis von Mission heute, herausgegeben von Klaus Schäfer, 56–63. Hamburg: Evangelische Missionswerk in Deutschland, 1998.
5 www.verbumdeiusa.org.
6 Regel des Heiligen Benedikt, herausgegeben von der Salzburger Äbtekonferenz. Beuroner Kunstverlag.
7 Johannes Paul II., Redemptoris Missio 87.
8 Essentials of Myers-Briggs Type Indicator Assessment (Essentials of Psychological Assessment), Wiley 2008.
9 Siehe Susan Cain, Quiet. The Power of Introverts in a World That Can't Stop Talking, New York 2012.
10 Konferenz der Oberen der missionarischen Orden in Deutschland, Alte Mission und neue Evangelisierung, Nürnberg 2013.
11 Kleines Konzilskompendium, Sämtliche Texte des Zweiten Vatikanischen Konzils, herausgegeben von Karl Rahner und Herbert Vorgrimler: Nostra Aetate. Erklärung über die Haltung der Kirche zu den nichtchristlichen Religionen.
12 George Augustin/Klaus Krämer (Hg.), Mission als Herausforderung. Impulse zur Neuevangelisierung, Freiburg 2011.
13 Mauritius Wilde, Ich verstehe Dich nicht. Die Herzensreise des Kleinen Prinzen, Münsterschwarzach 4. Aufl. 2004.
14 Vgl Gal 2; Apg 15.
15 Willy Manzanza, Gedanken eines Importpriesters, Hildesheim 2013.
16 Aus einem Vortrag vom Generalkapitel der Missionsbenediktiner 2012 in Damme: Julia D. E. Prinz VDM, Gratitude, Hunger and Apocalyptic; A Missionary Existence in the Spirit of Dei Verbum. Übersetzung vom Autor.

17 Louis J. Luzbetak, S.V.D., The Church and Cultures. New Perspectives in Missiological Anthropology, New York 1988.
18 Omnia videre, multa dissimulare, pauca corrigere.
19 Ansgar Stüfe/Fidelis Ruppert, Der Abt als Arzt – der Arzt als Abt. Anregungen aus der Benediktsregel, Münsterschwarzach 1997.
20 Siehe Mauritius Wilde, Petrus und Paulus. Wer in Gruppen entscheidet, Münsterschwarzach 2003.
21 Meister Eckhart, Predigt 109 (26), Deutsche Predigten und Traktate (zitiert als DPT), herausgegeben von J. Quint, 1979.
22 Regina Nothelle, Sabine Zarden, Dialogpredigt vom Weltmissionssonntag 2013 in der Propsteigemeinde St. Trinitatis, Leipzig. Die ganze Predigt ist nachzulesen unter: http://www.orientierung-leipzig.de/kontaktstelle/predigten/23-predigten/343-wir-sind-fuer-mission (3.11.2014).
23 Nikolaus Nonn, Willkommen! Vom Segen der Gastfreundschaft, Münsterschwarzach 2011.
24 Beda, Historia ecclesiatica gentes Anglorum, herausgegeben. von B. Colgrave and R. A. B. Mynors, Oxford 1969, I c. 26, 76–77.
25 Conrad Leyser, Gregory the Great and Gregorian Tradition: Memory, Contemplation, and the Missionary Frontier; in: Mission and Monasticism 41–53.
26 Siehe Anton Scharer, Insular Mission to the Continent in the Early Middle Ages, in: Mission and Monasticism 56–62. Andere herausragende missionierende Mönche waren neben Augustin, Aidan auch Columban (590) im Bodenseegebiet, Willibrord (658–739), Wilfried (634–709) bei den Friesen, Franken und Thüringern (er gründete Kloster Echternach).
27 Jonathan Düring, Ihr seid das Salz, nicht die Suppe. Von der befreienden Kraft des frohen Glaubens, Münsterschwarzach 2009.
28 Gregor der Große, Der hl. Benedikt, St. Ottilien 1995, Kapitel 35, S. 193.
29 Gregor der Große, Der hl. Benedikt, Kapitel 31, S. 183.
30 Der Benediktiner und Professor Jeremy Driscoll entwickelte diesen Gedanken in seinem Vortrag vor den amerikanischen Benediktineräbten im Februar 2014 in Cullman, Alabama. Der Workshop ging der Frage nach, welchen Beitrag die Mönche zur Neuevangelisierung sein könnten.
31 Regel des heiligen Benedikt, Kapitel 48,1.
32 Rede vor seiner Kardinalserhebung in Rom. Übersetzung vom Autor.
33 Johannes Mahr, Die Märtyrer von Tokwon. Glaubenszeugen in Korea 1950–1952, St. Ottilien 2011.

34 Stephen B. Bevans, Roger P. Schroeder, Constants in Context. A Theology of Mission for Today, New York 2004. Aus evangelischer Sicht: Henning Wrogemann, Missionstheologien der Gegenwart. Globale Entwicklungen, kontextuelle Profile und ökumenische Herausforderungen, Gütersloh 2013.

35 Regel des heiligen Benedikt, Kapitel 64,9.

36 Pastoralkonstitution Gaudium et Spes, »Die Kirche in der Welt von heute«, Vorwort.

37 Mauritius Wilde, Respekt. Die Kunst der gegenseitigen Wertschätzung, Münsterschwarzach 2009.

38 So besingt es das Gottesknechtslied in Jesaja 53,7.

39 Botschaft Papst Franziskus zum Weltmissionssonntag 2013, Nr. 3.

40 Lothar Culd, Compassion. Raus aus der Ego-Falle, Münsterschwarzach 2003.

41 Siehe Vortrag auf dem Generalkapitel der Missionsbenediktiner 2012 in Damme: Julia D. E. Prinz VDM, Gratitude, Hunger and Apocalyptic; A Missionary Existence in the Spirit of Dei Verbum. Siehe auch Julia D. E. Prinz, Endangering Hunger for God: Johann Baptist Metz and Dorothee Sölle at the Interface of Biblical Hermeneutic and Christian Spirituality, LIT Verlag 2007.

42 1 Korinther 7,27.

43 Vgl. Wilde, Petrus und Paulus, 78ff, 100ff.

44 Siehe »Dialogue Interreligieux Monastique – Monastic Interreligious Dialogue«; www.dimmid.org.

45 The harm inflicted on religion by those who defend it in a way not proper to it is greater than the harm inflicted upon religion by those who attack it in a way proper to it.

46 Conrad Leyser/Hannah Williams (Hg.), Mission and Monasticism, Studia Anselmiana, Rom 2013.

47 The Monks of Tibhirine: Faith, Love, and Terror in Algeria, Reprint Edition by Kiser, John (2003); Freddy Derwahl: Der letzte Mönch von Tibhirine. Mit Fotos von Bruno Zanzoretta, Asslar 2012.

48 Vgl. Vera Krause, Abtprimas Notker Wolf: Grenzgänger zwischen Himmel und Erde. Die Biografie, Münsterschwarzach 2010.

49 Mauritius Wilde, Das neue Bild vom Gottesbild. Bild und Theologie bei Meister Eckhart, Freiburg/Schweiz 2000.

50 Siehe Kapitel »Mission – Reinigung eines Begriffs«.